京都百年老舖

老舗に学ぶ 京の衣食住

發現藏在老店中的祖傳祕技、經營哲學、生活理念，深入京都人食衣住的根源

西岡正子

譯 王俞惠・李貞慧

前言

京都老舖，自信中的謙虛

京都市長　門川大作

「自信中的謙虛」，是我從父親那裡所聽到、我很喜歡的一句話。

每每有幸拜見承繼京都老舖的各方先進，我總是會想起這個說法。那些精進家業的人們，滿溢著驕傲與自信，同時固守著傳統，並且爲了創新，以勤懇且眞摯的姿態，謙謙以對。

本書整理了持續在京都經營百年以上的老舖技藝、歷史、心與哲學等，所要貫徹的是其中滿溢且無可動搖的自信，我想這就是所謂的「自信中的謙虛」。

過去，我曾經從某間老舖的店主那裡聽到以下這段話：

「雖然有很多人喜歡『不變的滋味』、『京都的滋味』，但事實上，味道其實會隨著時間演進而日漸改變。一百年前並沒有冰箱和眞空包裝，所以會比現在加入更多的鹽分喔。」

這些不走在時代尖端卻又被承繼下來的物品，並不只是默默被守護著而已，而是要經常鑽研並且下創意的工夫，順應時代潮流地持續變革下去。而這才是所謂的固守傳統，才是所謂觸及「老舖之心」。

而那位店主還這麼對我說：「不變的是貨眞價實的材料、工夫、時間與深入人心的技藝。還有透過這些心意所產生的信賴感。」我想我可以很驕傲地說京都有許許多多這樣的商家。

此外，去年京都舉辦了世界遺產條約採納四十週年紀念會，發表了「世界遺產的過去．現在．未來」的京都願景。聯合國教科文組織（UNESCO）的總幹事伊琳娜．博科娃（irina georgieva bokova）曾經對我說過以下這席話：

「擁有無數歷史遺產、豐富的自然環境、優美景觀、學術、宗教、藝術以及製造業的京都，實在是太迷人了。最棒的是，這些都存在於人們的日常生活中，優美的文化與傳統都充滿著生氣，並且被持續地創造著。」

我認為所謂的文化遺產不是存在於某種事物中，而是存在於人們的心中、生活中，還有代表這些精神的老舖中。就如同本書所介紹的，這些現在也豐饒著京都的生活智慧和技藝，自然而然地從每日的生活中流傳下來，並且持續不斷精鍊著。儘管如此，我確信這也是開拓未來的關鍵。今後我也會一邊學習京都的智慧與技藝、人們的生活哲學，並且朝著充滿魅力的康莊大道前進，並且將這份心意確實地傳達給未來與全世界。

最近，早晨我換上和服後，都會和妻子品嚐和菓子和抹茶，夜晚則是品味京都風味的日本酒，坐在鋪著被子的榻榻米上，眺望著小小的庭院，放鬆休息。在充滿了京都的歷史以及衣食住的生活中，感受著幸福的每一天。

傳統與老舖

茶道裏千家大宗匠，聯合國教科文組織親善大使　千玄室

「所謂的『傳統』是什麼？」經常有人這麼問我。我想關於這點，我應該看似瞭解卻又不甚理解吧。所謂的傳統是從日積月累的歷史長河中所創造出來的「物品」，而原本日本人就對這些源自於古代的「物品」抱持著信仰。這些事物就是「精靈」，接著再從這裡產生對於「神明」的崇拜，並且以這種所謂的佛心為基礎而展開神佛一體的「祈願世界」。將這樣的心向世界具體化的就是「物品」，而日本人在自然界中所尋求的，就是那樣的原點。從這裡應運而生、創造出來的「物品」，蘊含創造性的就是所謂的「傳統」。這些在日常生活中必備的「物品」在過去那個時代中被創造出來，亦即正因為擁有這樣的智慧，才能創造出這些各色「物品」。在宗教的世界中，將心的信仰具象化的是佛像，最後再發展其附屬品，成為被使用在日常生活中的必需品的姿態與形象。而創造出這些物品的專業職人所擁有的技能，不斷延續下來的就是所謂的京都傳統。

京都在一千二百年前以平安京的角色誕生於這個世界，一直到江戶改名為東京後，將首都遷往該處前，這裡都持續被尊奉著。在這裡，天皇以神般的存在被敬仰著，並且創造出各式各樣引以為豪的「物品」。在京都，這些被稱之為老舖的店家綿延不絕地流傳下來，不斷加以改良的「物品」

至今仍然被展示在各店頭之中。在這些物品的背後所傳遞出來的，除了「信用」外，還有那份義無反顧地為客人「量身訂作」的信念，這就是一份對客人「用心款待」的服務精神。做生意最重要的並不在於只是銷售知名老店鋪的商品即可，而是對於流傳下來的物品的慎重經營。日語中的經營「扱う」（atsukau）二字並不是粗略地指「簡單可及」的說法，而是老舗擁有的驕傲中那種悠然自得、隨意盤腿而坐，對於要求購買的顧客不做任何回應，卻又滿懷著謙遜之心，由衷理解顧客的心意，以此獲得老舗才有資格擁有的信用。

京都的「衣食住」存在於擁有其他都市所沒有的沉靜以及渾然天成的「物品」中，這些都是老舗的店主以及相關人員不斷下苦工，並且在從基礎之中加入符合時代潮流的創意所產生而來。我希望各位也能盡可能理解店家背後的努力不只是下苦工那麼簡單而已，而是每家店鋪背後所蘊含的源由，以及守護該家店鋪的主人和職人們的辛勞。

目錄

編輯語

1. 本書是將平成二十一年一月至二十四年三月，三年三個月間（二〇〇九～二〇一二年），於佛教大學四條中心開課的「向老舖學習京的衣食住」全三十八回講座課程，平均選出衣食住三個領域共十六回，將演講內容以淺顯易懂的文字整理編輯而成。

2. 爲了尊重演講內容，年齡或人名等歷史事實與專有名詞或傳承將保留原演講的呈現。

3. 講座的內容盡可能站在各家老舖的立場上陳述各自的觀點，依講師的異同而在意見與理解上有所不同。

4. 根據講座的內容，有時會因爲使用視聽資料而導致演講時間互有長短，本書各章節的多寡也會有所不同。

京都百年老舗

1. 二軒茶屋 中村楼
2. 松栄堂
3. 祇園辻利
4. 幾岡屋
5. 嵐山 熊彦
6. 龍善堂
7. 半兵衛麩
8. 松文商店
9. 村山造酢
10. 彩雲堂
11. 本家 尾張屋本店
12. 上七軒 大文字
13. 京漬物西利
14. 泰生織物
15. 亀末廣
16. 芋棒平野家本家

第一章

二軒茶屋 中村樓

八坂神社境內，
融合京料理傳統，
身負祇園祭的重責大任

辻雅光

二軒茶屋中村樓與田樂豆腐

中村樓的創業

朝著四條通東側直走就能看到八坂神社的石頭階梯，爬上階梯後就是本殿的側邊。由於本殿朝向南方，所以面向名為下河原町通的大路那面，便是八坂神社的正面。隔著這道正門，本殿的對面右側與左側各有一間路旁小茶棚，其中一間便是我的店。本來店名是柏屋，查詢店鋪的起源，最早可以上溯至一五九六年安土桃山時代中的記載，在應仁之亂被燒毀後，現今八坂之塔重建時所製作的古地圖中，便已記載了這兩間茶棚。

日後，店鋪名稱從柏屋改名為中村屋，但根據我家的家廟紀錄中所繼承下來的血緣，最初是自重郎兵衛這個名字代代襲名而來，從改名開始至今，我是第十二代。

最初只是提供參拜八坂神社的人們簡單的香煎茶、

二軒茶屋　中村樓

菜飯，所謂的菜飯就是摘取白蘿蔔的葉子乾燥後切碎，利用鹽和醬油略微調味，加到蒸煮好的白飯中。在此之後，這裡的招牌菜便是田樂豆腐了。

以創意工夫成為招牌菜的田樂豆腐

田樂豆腐原先是在祇園販賣，被稱爲「祇園豆腐」。而田樂是平安時代插秧之時，祈禱五穀豐收的舞蹈，據說是踩高蹺跳躍的舞蹈。因爲料理的樣子近似那樣的舞姿，所以被稱爲田樂豆腐[1]。將珍貴的豆腐薄切後串在竹籤上，並將豆腐挾上烤好的糯米餅後沾上味噌醬並撒上黃豆粉，因而大獲好評。糯米餅自古以來就會在神社儀式中使用，而且豆腐自鎌倉時代起就傳入寺院之中，但是一般庶民則是到了江戶時代初期才開始廣爲使用。在製作方式發展的工程中，我的祖先們也專心致志地製作出美味的田樂豆腐。

沾附的味噌醬使用的是白味噌。除此之外，味噌中也有所謂的紅味噌，紅味噌的鹽分較濃，大豆要經過長時間的發酵，所以保存期限相對較長，但另一方面，嚐起來也較鹹。此外，白味噌則是蒸煮大豆，接著加入大量的米麴後放置十天至二週的時間發酵而成，所以味道有甘甜味，在無法使用當時極爲珍貴的砂糖的庶民之間，被當成甜味料的替代品，只是甜味噌的鹽分濃度較低，無法放置太久。

京都有較多的人口，在甜味噌的使用上也較有需求，所以相對於要花長時間製造的紅味噌，短時間就能製造出來的白味噌理當較受歡迎，也經常被當作甜味料來使用。

田樂豆腐當初是以在豆腐上撒上白味噌，接著再撒上黃豆粉後燒烤，後因爲白味噌得以大量生產，便直接將白味噌塗抹在豆腐上。除了上流社會的人們外，也普及到一般市井小民的日常生活之中，讓人人都能享受味覺的饗宴。田樂豆腐需要的是慢工出細活的工夫，塗上適量過篩後口感溫潤的白味噌，加入嫩芽增添香氣。時間上已不可溯，但據說就是慢慢演變成沾附現在這種加了嫩芽味噌的料理方式。

我想豆腐之所以能成爲這裡的招牌菜，其中一個原因在於我們在銷售上下過一番工夫，當時的茶棚在概念上有點類似今日的露天咖啡店，而八坂神社是一座有歷史淵源的神社，從江戶時期開始就香火鼎盛，也是商店林立、庶民大衆的娛樂場所。也因此我們這家店也能稍微吸引來客光臨，在豆腐賣完時就會開始在店頭切豆腐。這時候會將豆腐放置在砧板上，隨著菜刀的聲響，切出大小一致的豆腐，最後再燒烤完成。據說這樣有趣的身影也被刊載在《東海道中膝栗毛》[2]中，所以有強烈的宣傳效果。

※祇園祭與中村樓※

中村樓的稚兒餅

我家的家族神隸屬於八坂神社，所以有每到六月一日，就會在神社供奉稚兒餅的習俗。一般的稚兒餅是正月擣的糯米餅，在信州寒冷的氣候中自然乾燥的冰餅削成，撒在用糯米餅做的和菓子

田樂豆腐

上，營造閃閃亮亮的效果。雖然看起來類似和菓子的原型，但在我的店舖中販售的數量並不多，將糯米餅稍微以竹籤串起，沾上還留有粗粒的白味噌，用烤過的竹子皮包起來，在佐以嫩竹，兩兩一組，十串爲五組，合計一百份。

此外，這個和菓子也會在祇園祭的時候獻給神社，發給孩童。我想一方面在七月酷熱之際吃糯米餅可以增強體力，也可以塡飽肚子，所以才會在祇園祭提供稚兒餅。據說吃了這種餅不但能預防夏日食欲不振而消瘦的狀況，還可以解除厄運，保佑健康地度過夏天。

所謂的祇園祭

說到京都的祭典，最知名的非祇園祭莫屬了，而這個祭典可以說是由來已久。八坂神社所供奉的是消除傳染病的神祇素戔嗚尊，傳說是爲了鎭壓平安時代在京都流行的傳染病才開始的。供奉素戔嗚尊的八坂神社在日本擁有上千座，八坂神社爲了管理當時六十六國的消除傳染病事務，在神泉苑立了六十六根長矛，從八坂神社將載著素戔嗚尊神靈的轎子抬出，祈求能消除傳染病。

而素戔嗚尊被尊奉爲消除傳染病的神祇，是源自於蘇民將來的故事。簡單來說，就是素戔嗚尊到南海旅行時，向富裕的巨旦將來要求是否可以借住一晚卻遭拒絕，不得已之下只好去另一貧窮的人家借住。這個貧窮人家的主人就是蘇民將來，他不但好心地讓素戔嗚尊留宿，還特地招待了用米飯做成的粥。素戔嗚尊非常感激，據說特別交代蘇民將來在傳染病流行時在身上或是在門上掛上茅草圈就能治癒疾病。之後，傳染病眞的流行的時候，巨旦將來家就此滅門，相對於此，蘇民將來家則遵守忠告，一家得以延續下來。這個故事就是有關祇園祭中，家家戶戶掛著代表「我是蘇民將來的子孫」掛飾的由來。現今在夏天食物中毒等疾病也經常會發生，我希望也可以愼重地告訴大家這裡有可以去除疾病的祇園祭。

雖然一般認爲是八坂神社的祭典就是祇園祭，但是事實上這個祭典是跟久世的綾戶國中神社共同舉辦的。很久以前，久世的土地是一片被水所淹沒之地，但在此素戔嗚尊揮舞降臨，去除水患而留存至今，據說綾戶國中神社祭祀的是素戔嗚尊愛馬的頭部木造神像等物。

那麼，爲什麼祇園祭也包括了綾戶國中神社的祭祀呢？那是因爲在平安時代的鴨川並不像現在這麼穩定，一旦發生大水災，人民往往束手無策。某一次淹大水將八坂神社的某個神像沖到久世地區，被當地人民撿到供奉於綾戶國中神社，因而有現在的祇園祭合祀。因此，祇園祭中此地的氏子[3]會被選出兩名擔任名爲久世駒形稚兒這樣的重要角色。

稚兒餅

祇園祭的例行活動

〈七月一日開始〉

首先，祇園祭的第一天七月一日會有長刀鉾町的稚兒[4]、公所人員以及各町人們的「吉符入、長刀鉾町御千度」祭典，現在則是在神社本殿繞著參拜三次。

二日則是抽籤儀式；七日則是綾傘鉾六名稚兒參拜儀式。

十日從四點開始則是進行列隊提燈儀式，此時在神社內部會燈籠盡出，由公所人員組成隊伍，並且加上孩子們的舞蹈，從八坂神社路經四條河原町、市公所、御旅所[5]（四條寺町），再回到八坂神社，進行神明巡行的儀式。巡行過後，到了晚上八點左右就會進行清洗神轎的工作，去除裝飾的神轎抬到鴨川清洗。

〈七月十三日開始〉

十三日則是長刀鉾稚兒參拜儀式。乘坐長刀鉾的稚兒在早上十一點左右，授予正五位十萬石的官位，和跟在一旁的禿[6]一起接受參拜。久世駒形的二名稚兒也會在下午二點左右進行同樣的儀式，也因爲這樣的儀式，我的店鋪才會開始提供稚兒餅。由於久世駒形稚兒被視爲神明化身的神體，所以會騎著白馬進入神社本殿。就連天皇家等地位高貴的人們也要自行步行進入殿中參拜，只有久世駒形稚兒被允許可以騎著馬。獲得神位的儀式完成後，稚兒們就會到我的店鋪來用午餐，而在此之前，這裡會設茶席招待稚兒和公所人員。糯米餅則是委託餅店製作，其他則是男性手工製作。點茶工作也只有男性可以做，並請爲他們端出當作主要點心的稚兒餅。供奉稚兒餅、淡抹茶以及龜屋伊織先生家的干菓子、瀧煎餅和青楓等珍貴的點心。點茶工作由我奉行，端出的點心全部都在事前用打火石做過淨化儀式。

在這裡說個題外話。這個時候在祇園祭使用的茶具也大有來頭。在床之間[7]上掛著是教導豐臣秀吉茶道、名爲曾呂利新左衛門之人所親筆寫的掛軸；茶碗則是使用樂燒並刻有「鈴之音」，花入[8]則是舊時祇園社的籤筒；還有仿造稚兒所戴的黑帽子做成的竹籠當作花入。並且使用寫了「我是蘇民將來的子孫」的棗子、注連繩[9]，以及裝飾有祇園祭巴之紋的煮水壺，茶杓則是用來當作祇園祭火把的舊竹子所製成，曾經用來清洗神轎或是刻有稚兒名字。氣氛非常莊嚴。這個儀式從我祖父時代開始就延續至今，由於我的父親早逝，我也臨時授命學習茶道，擔起成爲中村樓主人的責任。承蒙允許在神社境內這樣的場所做買賣，無論是製餅或是迎接稚兒我都一定得要吃素齋戒。而七月是完全不能感染任何風寒，所以七月要特別集中心智。

〈七月十五日開始〉

十五日是宵宵山，十六日是宵山，從早上九點開始就會在八坂神社的本殿進行獻茶祭儀式。這是裏千家與表千家一年一度交換獻茶的儀式，祈禱世上安泰順心，兩邊掌門人點茶，這時會在八坂神社裡社幾處副席，其他諸如料理屋的美濃幸、茶屋則有四條花見小路的一力與我的店舖設置茶席。每年裏千家的貴賓們都會在我的店舖舉辦名爲幽靜會的茶會。在裏千家舉辦那一年則會在兩處舉辦茶會，從早上六點開始就會有約八百人入茶席，在神社內或是祇園裡外都充滿了身穿正式和服的人們，熱鬧非凡。

〈七月十七日開始〉

十七日終於開始山鉾巡行了，在神轎遊行之前要清空街道，進行山鉾巡行。似乎很多觀光客以爲山鉾出巡結束後，祇園祭就結束了，事實上，十七日入夜，從八坂神社出發的三基神轎、中御座（素戔嗚尊）、東御座（妻櫛稻田姬命）以及西御座（子八尊御子神）就會出巡各町內的神轎出巡停駐地，這才是祇園祭的重頭戲。

京都的祭典並不是爲了觀光目的所舉辦的祭祀活動，而是跟神社緊密相關的活動。神靈搭乘著神轎出巡，但是在出巡停駐地期間並不代表神社本殿內就沒有神明，雖然在神無月[10]期間，全日本的神明會離開原駐地，聚集到出雲大社開會一個月，但事實上，神明是可以有分身，無所不在。在神轎出巡至停駐地時，本殿仍然供奉著神明，所以還是可以到這裡進行參拜，而我覺得能夠至停駐地參拜神明是

久世駒形稚兒的稚兒社參

最好不過了。這時候我們也會提供稚兒餅，祈求祭典與山鉾巡行，以及神轎出巡平安順利。

從十七日開始一週後的二十四日則是「還幸祭」，這時候神轎會從停駐地回到本殿。當天的早上有花笠巡行，將近千人的隊伍從八坂神社遊行到四條河原町、市公所前，再從寺町遊行至停駐所。這也是神明通過前，清理街道的必做行程。當天晚上，神轎就會回到本殿。這一天爲了祈求順利從停駐地回到本殿，本店舖也會提供稚兒餅。

二十八日會將神轎抬至鴨川再次進行清洗工作，取下神轎上的裝飾品，感謝各方諸神無事順利執行祭典。從四條大橋開始，下游的部分稱爲宮川，據說由於會在這裡進行神轎的清洗工作，所以這裡才被稱爲宮川町。二十八日在鴨川清洗神轎期間，在我的店舖前會表演菊水鉾的祇園囃子，到了三十一日，八坂神社中疫神社的鳥居上就會裝飾茅草圈，據說走過這個鳥居，就可以去除疾病、驅邪。這個典故也是從蘇民將來的傳說而來。在此，爲期一個月的祇園祭就結束了。

✕ 祇園祭的風情畫 ✕

粽

中國戰國時期楚國政治家屈原，投河自盡時遺體被魚啄食，人們爲了轉移魚的注意力，讓魚不啄食屈原的遺體，就以米做成粽子丟入河中，據說這就是端午節吃粽子的由來。

但是在祇園祭時各鉾町所販售的粽子與端午節吃的粽子不同，並不能吃。是將北山的嫩竹十根爲一束捲起做成粽子，繫在玄關當作消災解厄的御守。但是，京都的北山已經有數年都面臨嫩竹枯竭的危機，即便是新芽也全數都被鹿所啃食殆盡，實在是令人遺憾。

鱧

由於祇園祭之時正是食用鱧魚的季節，所以也被稱爲鱧祭。據說從過去開始，只要喝了梅雨季的雨水，鱧魚的魚骨也會變得柔軟，脂肪變得肥美，非常美味。事實上，在我的店裡每到了梅雨季節做鱧魚料理時，去除魚骨總會特別輕鬆。鱧魚可以烹調成各式料理，但在京都有一種名爲鱧胡瓜[11]的料理，將鱧魚以醬料醃漬燒烤，再與小黃瓜一起醋醃。

八坂神社的氏子七月禁止吃小黃瓜

八坂神社的氏子在祇園祭時有禁止吃小黃瓜的習俗。爲什麼禁止吃小黃瓜呢？那是因爲小黃瓜在古代的日本寫作「木之瓜」，而八坂神社的木瓜紋路神似小黃瓜的橫切口的關係。此外，在知恩院前有一顆所謂的瓜生石，有一說是牛頭天王素戔嗚尊當初就是降臨在那塊石頭上，爲了感謝該處在一夜之間結滿小黃瓜，所以將牛頭天王迎入八坂神社祭祀。也因神明緣故，爲表對小黃瓜的敬意，而禁止食用。

據說這個禁忌從京都到博多都被嚴格遵守著，在祇園山笠期間學校的營養午餐也不會有小黃瓜，寺院也會進行所謂的「胡瓜封」的儀式，從古代開始小黃瓜就被視爲有魔力的物品。而被認爲屬於夏天特產的小黃瓜在此時最爲美味，也因此可以藉此時鍛鍊忍住不去吃小黃瓜的虔誠信仰。此外，據說以前的小黃瓜吃起來很澀。

※所謂的京料理※

京料理的基礎在於高湯

所謂的京料理，簡單來說就是各種京都食材下工夫所做成的日常小菜；在天皇御所衍生出來的有職料理[12]；從茶道衍生出來的懷石料理[13]，以及從寺院中衍生出來的精進料理[14]等等所融合而成的料理。特徵在於以清淡的蔬菜爲主，再佐以柴魚片與昆布高湯烹調而成。我想這也是因爲京都不同於關東，水質較爲柔軟，較易熬煮出柴魚片和昆布高湯的關係。在熬煮高湯時，會在大鍋中放入昆布，用家庭用鍋具熬煮時，在高湯甜味熬煮出來前，水就會沸騰的關係，所以經常無法熬出好喝的高湯，昆布的甜味成分要被熬煮出來的水溫介於攝氏六十七度至七十度，我認爲在這樣的溫度下，花時間熬煮應該才能夠熬出最好喝的高湯。接著，等到水的顏色改變時，就可以把昆布撈起，此時溫度會持續上升，接著抓一把柴魚片放入，使之自然沉入高湯中。這樣就能熬煮出美味的高湯了。昆布和柴魚高湯現今在全世界的料理業界中也頗受重用，不只是我們料理人，希望一般家庭也能好好使用。

京料理的食材與鱧魚的烹調法

在京料理中最不可或缺便屬京野菜不可了，原本這些都不是原生於京都的種子或幼苗。作爲舊時日本京城的京都有各式各樣的物品傳入，例如，米是從琵琶湖畔的近州米，魚則是鯖魚、若狹甘鯛，這些都是薄鹽醃漬而成，只要將魚內臟清除，撒上一層鹽即運送出來，到了京都時，鹽分入味得恰到好處，就能將這些食材做成壽司或是烤過做成各式料理。此外，以北前船[15]運來的昆布、棒鱈、鰊魚等也備用來當作食材。然而，蔬菜並不耐放，所以非得找一些方式種植不可。當時，只要一淹水，就會將河川上富含養分的泥土往下游沖刷，使得下游形成了品質良好的肥沃土壤，在那周邊種植京野菜的人們，至今也仍生產富含京都風味的蔬菜。

京都因爲距海遙遠的關係，無法使用生魚做料理，但只有鱧魚的生命力特別強韌，即使到了京都都還存活著，所以便成爲新鮮的海鮮料理極爲重要的寶貴食材。但是，鱧魚是種渾身充滿魚刺的魚種，因此，特別注重去骨的調理方法，通常會使用一．五公釐厚薄的去骨刀，但並不是簡單地只把骨頭快速剔除即可，由於魚皮厚、膠質豐富的關係，所以沒有以一定的節奏連同皮都切下，就會在魚肉上遺留腥臭味。此外，鱧魚做成魚板這樣的食物製品也特別合味。將鱧魚的腹部切開，取出內臟，以厚刃尖菜刀的刀尖刮肉，利用碎魚肉，剩下的皮則在七月以外的時間做成鱧胡瓜享用。大家都可以在百貨公司的地下美食街或是錦市場買到去骨的鱧魚，我想直接吃的話，多半都會因爲皮的膠質而覺得特別硬。要食用時請用熱水稍微氽燙。鱧魚肉還可以做成鱧魚醬油燒，或是鹽燒後撒上黑胡椒，做成源平燒一物兩吃、柳川鍋等料理也很美味。此外，也很適合做成炸天婦羅。最後剩下的還可以做成南蠻漬[16]完全都不浪費。最近由於環境變化的影響，日本的鱧魚變得較爲不肥美，沒什麼脂肪。因此，常使用從韓國進口的鱧魚。這些鱧魚骨頭較爲柔軟、脂肪含量豐富，頭小而眼圓是其特徵。

※切勿遺忘傳統的重要性與對文化的驕傲※

我的店鋪在祇園被稱爲「二軒茶屋」，在京都流傳的新春拍球兒歌中也有出現，舞妓和藝妓舞蹈的〈京之四季〉中也有唱到，非常有名。對面的店鋪在明治初期因爲火災而付之一炬，雖然只剩下一間店，但店名仍然維持爲「二軒茶屋」。據說在幕末，坂本龍馬以及明治維新時期，明治天皇的弟弟有栖川宮熾仁親王、威仁親王以及伊藤博文等人都常會到此用餐。但是，爲了不忘初心，我們還是維持屋號「二軒茶屋」。

我認爲雖然經過時代更迭、價值觀與物事變遷，但還是有不容改變的事物，祇園祭與京料理的規則便是。珍惜歷經時光歲月累積的祖先智慧，時時思考並再發現不同的改良點。

在歷史悠久的京都八坂神社內經營店鋪，正因爲與傳統例行活動關係緊密，而更不能遺忘傳統的重要性與對文化的驕傲，我想今後也會戮力鑽研。

【摘自平成二十二年六月十六日「關於稚兒餅」】

辻雅光 *TSUZI MASAMIZU*

一九五一年，生於京都府。一九七四年，畢業於立命館大學後，至東京進修，一九七六年，進入中村樓工作。跟隨井口海仙學習茶道相關事宜。一九八三年，成爲第十二代老闆至今。

著有《中村樓的茶懷石》（淡交社，二〇〇一年）。

中村樓株式會社 *NAKAMURAROU*

位於八坂神社南門大道旁的老舖料理店。在室町末期以露天茶棚的形式創業，供應招牌菜是田樂豆腐等料理，從江戶末期開始成爲料理茶屋至今。明治維新時，成爲首屈一指的京料理名店而爲人所熟知，皇家、政經界、文人墨客等都會聚集於此地，配合祇園祭的活動也特別知名，也可以在門口的露天茶棚享用茶飲。

京都市東山区祇園八坂神社鳥居内

電話：075-561-0016（代）

FAX：075-541-6738

URL：http://nakamurarou.com/

第二章

松榮堂

守護薰香、傳統的世界，開拓革新的世界

畑 正高

敬拜祖先是松榮堂的基礎

松榮堂的歷史

松榮堂創業至今約有三百年左右的歷史，寶永二年（一七〇五）任丹波篠山的里長畑六左衛門守吉立志從商，於是便在京都開一家店店名爲「笹屋」。曾擔任天皇御所主水職[1]第三代守經的時期開設了「松榮堂」，經營起正統的製香事業。

明治三十年（一八九七）時，曾祖父時代開發了不易塌碎的圓錐型「香水香」薰香，是日本第一次對美出口成功的相關商品。承繼傳統技術，一方面守護著從過去至今的製香事業，一方面用心生產出符合季節並展望時代的產品。因此親手開發了包括宗教用的薰香、茶會座席用的香木與練香、住家使用的線香，以及帶在身上的薰香與香囊等各種香製品。

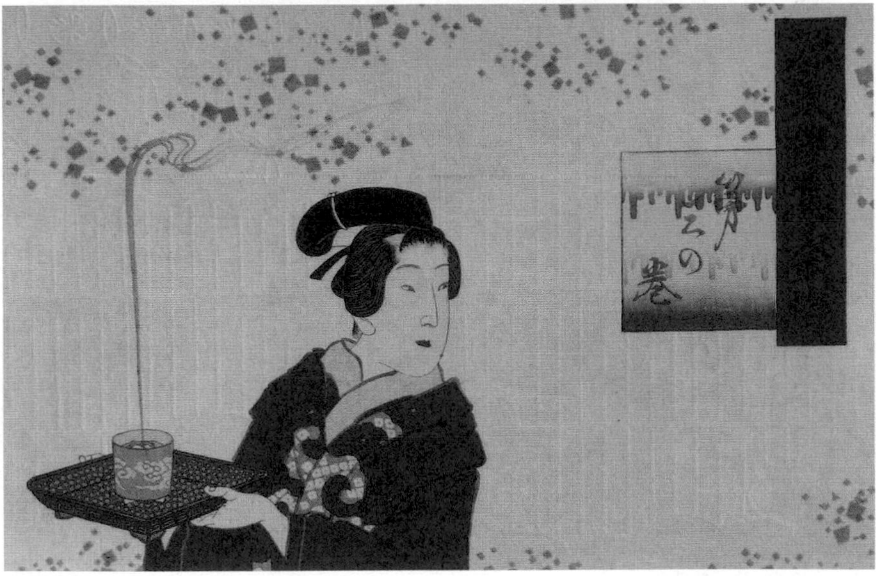

飄出清煙的香氣

關於畑家一族

我們家族可追溯至《太平記》中登場的畑六左衛門時能，時能出身於武藏國（現今埼玉縣），是當地被稱爲惡黨的地方有力武士中的一人，也是新田義貞[2]的心腹手下。此外，時能還會帶著名爲「犬獅子」的狗作戰，是日本第一個帶著軍用犬作戰的知名人物。

埼玉縣與群馬縣的邊境處，JR神保原車站附近還有保存下的金久保城蹟附近的寺院，這裡有名爲畑兒塚的墓碑。據說新田義貞戰死後也奮力作戰到最後的時能，在激戰末期於福井縣戰死，首級被家臣兒玉光信帶回此地埋葬。

大正四年（一九一五），政府頒發位階給時能，公開認定畑時能，一時間全國的畑家族聲望大爲提高，當然對我們家來說，這也被視爲非常重要的大事而代代流傳下來，也以身爲畑家族一員引以爲豪，亦是一項重要指標。

祖父非常看重畑家族的驕傲，此外也是非常看重貫徹團結的人。祖父在戰前打算在與時能有緣由的土地上包括福井縣與石川縣境內，建立數座名爲畑神社的神社。雖然與家業完全沒有關連，但我對於抱持著這種想法的祖先懷著敬意與驕傲。只是，很遺憾地，因爲戰爭的關係而無法一償宿願，我的父親也繼承了這個願望，並且將它傳給了我。

※松榮堂的商業理想※

懷抱著家族驕傲，用心正當的買賣

家族的商業理想以及守護祖先的驕傲都是很重要的一環，但還是有些許不同之處。我身爲畑家的長男，擔負著責任與家族驕傲，做生意要站在不辜負祖先名聲的立場上做正當的買賣，而且爲了日後的發展，不只是家人，連同員工全體也要盡我所能培養商業能力。這也是我從祖父與父親身上學到的觀念。

祖父在主持家業時，因爲時值第二次世界大戰之前，並沒有紀錄留存下來，但是當時照片所呈現的工作樣貌，對照現在公司位於烏丸二條的大樓中，內部幾乎是完全一樣，當時工作的狀態與現在幾乎沒有什麼變化。

明治三十年（一八九七）開始以出口爲目標的圓錐型薰香的製造，是爲了出口至美國時外型也不會崩塌，在經過多方嘗試後製造出來的商品。出口用的商品共裝了六種香，名爲「peaceful dance」（寧靜之舞）。

製造這個商品的工廠在我出生時還存在，在我孩提時代放學時就會到這裡，二樓最裡頭有間房間，裡面有三個女員工會給我糖果或是跟我一起玩耍，至今仍是我美好的回憶。

戰前到戰爭時期，公司移到裝設了馬達的工廠，開始近代化作業，使用起名爲「胴突」的製粉機、攪粉機，慢慢從人工作業轉移至機械作業。

看著當時製造商品的照片，與現今的產品幾乎看不出來有什麼分別。只是，從商品的容器是玻璃或是桐箱製品，還是可以看出在做工上非常細膩的一面。

戰後初期，由於薰香是非常奢侈的商品，所以被當作奢侈品課以物品稅。這些稅金每月不得不精打細算，一直到導入消費稅體制爲止，我們家持續被政府課稅，但是雙親並不會積欠政府一分一毫的稅金，即便是經營困難時期，父親也會從自己的薪水中，優先撥出來繳納物品稅金。特別是昭和二十年代至三十年代這段期間，我們一家實際上過著縮衣節食的生活，但是，即便是在這樣的生活之下，在營業時間結束後，都會擺出屏風，請老師來舉辦歌謠會，從不中斷學習。祖父等人以香道爲家業而舉辦香會等活動，而我父親與我也繼承了那樣的傳統。透過不定期舉辦的活動，我也慢慢地從中學習許多專門的知識。

相信大家都知道在非日常的時間與地點舉辦的活動，稱之爲「晴之時」、「晴之所」[3]，我對這件事日漸有感也是透過這樣的活動。過去的生活中，對於「非日常事宜」與「日常事宜」總是分得很清楚。我相信就是因爲這樣的活動，「非日常事宜」的樂趣與「日常事宜」的豐富性才會在生活中顯得如此地重要吧。

成長史

我出生的家到昭和四十七年（一九七二）爲止都位於車屋町通，是烏丸東邊的一處宅邸。過去，烏丸町是一條小路，爲了建御幸通，而從丸太町的南側開始往東拓寬，再從京都天皇御所往西拓寬。我的店鋪就位於烏丸通東側，此處建立了許多狹長的大樓，但這原本是被稱爲「鰻魚的寢床」的狹長型町屋所拆建而成。當初爲了搬遷問題著實傷透腦筋，但最後就在現在的烏丸二條建了大樓，並且居住於其中。

雖然我出生於昭和二十九年（一九五四），但據說當初祖父因爲自家誕生了男孩而高興不已。母親是京北出身，在我出生後的第一百日與出生後的第一個節日，會邀請母親那邊的人包括祖母的親戚來慶祝。雖然當時過著縮衣節食的生活，但是對這樣的傳統慶祝活動還是絲毫不馬虎，我非常地感恩。

說個題外話，京北對於我來說是一個充滿回憶的地方，我們家的孩子到了暑假時，就會因爲進入要販售宗教相關產品的盂蘭盆節時期而變得異常忙碌，因此，從每年的七月二十日左右開始，一直到八月十日左右爲止，我們就會被送到京北的母親娘家。所幸，母親是六人姊弟中的長女，我的第六個舅舅跟我只相差一輪的年紀，所以舅舅們都非常疼愛我們。

家族現在對我也引以爲傲地支持著，而在昭和三十九年（一九六四）東京奧運時，我擔任祇園祭的長刀鉾山車的稚兒。我們家因爲屬於下御靈神社的氏子，當初還有所顧慮，但承蒙寺町的同業先賢強力推薦，而得以擔此大任。

所謂的稚兒就是像是五月的大將人偶那樣的形象，無論走到哪裡都會率先被奉上果汁，我常常喝得很痛快。當時還要執行對天皇御所的紫宸殿進行祈禱舞的活動，很多活動現在也許已經消失了，但是我想這樣的年度活動今後還是要繼續流傳下去。

也承蒙有過這樣的經驗，大學畢業後我在歐洲待了一年的時間，之後進入了父親公司的工廠工作。所謂的薰香，雖然人人都知道是什麼東西，但也可以說在當時日常生活中容易被遺忘的物品。想改變這種現狀的想法，則是在工作了一段時間後才開始的。

※讀歷史，向歷史學習※

在古代典籍與繪畫中所看到的薰香

我在觀看各種古代典籍與繪畫時，總是會看到薰香出現的場景。於是，就會照著裡頭所描繪的模樣去探詢香的大小、花紋以及使用的道具。例如，有許多錦繪[4]（版畫）作品描繪一八〇〇年代初期，題材多半取自戰爭或文學，特別是《太平記》、《平家物語》、《源氏物語》等大多都會成爲版畫的題材。

現在的高中生讀的《源氏物語》是漫畫家大和和紀的版本，但我則會建議讀小泉吉宏的漫畫版本，雖然是《大掴源氏物語》的Q版漫畫，卻非常地忠於原著。無關於學校的古文作業成績，我覺得這是使我認識《源氏物語》有趣之處的一部重要作品。只要試著看這部漫畫，就會知道這是一部非常注重時代考據的作品。

我從一張錦繪學到了一件事。在香爐中會描繪類似玻璃那樣的物品，那其實是雲母，在薰香的世界稱之爲「銀葉」。那是擺放薰香，再放置到火上面所使用的專門工具，現在仍然在使用。在那之上則描繪了煙那樣的圖樣，但是使用雲母焚香時，是爲了讓香深埋在炭團之中，讓煙不要揚起，所以煙揚起的熱作用狀態則表示是失敗之作。而這個作品是想要描繪香煙繚繞的狀態吧。像這樣，我因爲看到某幅畫，想到過去看到了煙的圖樣是否都是爲了表示香煙繚繞的效果，這樣的案例其實也發生過好幾次。

舉例來說，東京國立博物館中，雙六板的遊女閒適坐著的畫中，腳邊放置了一只香爐道具，胸前開始有類似煙般的圖樣緩緩升起。過去，我會認爲那是煙，但近來我則思考那或許是薰香揚起吧。在浦島太郎的故事中，浦島太郎打開寶盒時緩緩升起煙那樣的效果，也許是薰香也說不定。浦島太郎打開寶盒，接觸到懷念的故鄉香氣，從長年累月在異國生活的狀態中轉而回到眞實生活中，也就是說，浦島太郎在現實中恢復過去的記憶，所以把那揚起的狀態當作是薰香而不是煙，是不是很浪漫呢？

薰香與時代

薰香是在聖德太子時代傳來日本的。平安時代只被使用在儀式當中，被當作賞玩的一環而開始使用。平安時代占日本歷史約四百年的歲月，在學校課程的學習中會一下子就被帶過，但這就是歷史觀點狹隘的原因之一吧。

薰香（練物）

學習中國文化與教養，從飛鳥時代以後開始，日本就開始模仿中國的法律制度與都市建設，不斷地重複失敗的經驗中，才終於成功建立起平安京[5]。但是，百年後廢除了遣唐使制度，中國唐朝也滅亡了，文化便漸漸地和化。《古今和歌集》的編纂，假名文字使用也發展了起來。當然，在衣著服飾上也出現了顯著的變化。薰香也開始出現改變，這些都無法透過照片或繪畫看到。雖然看不到，但薰香經過了什麼樣的演變卻可以想像得見。

只是，可以確切得知的是製香材料從平安時代開始也是從海外獲取的，這在當時已經是非常貴重的珍品，與辛香料一樣，因爲材料都有各自的強烈屬性，所以如果不知道妥善調和的配方，無法調出好產品。日本的香製品在平安時代中期（約一〇〇〇年）就使用從中國運送過來的材料，由熟悉唐代禮儀者下工夫精心調配而成，便成爲日本薰香的原點。

將中國文化引進日本並發展成熟，從這樣的過程中產生屬於日本人的哲學、文學與思考方式。明治時代以降，雖然這部分開始日漸式微，但過去任何時代的學習者都以平安時代中期的《古今和歌集》、《源氏物語》、《草枕子》的思考方式、感受方式爲基礎。例如，梅是古代從中國傳至日本的植物，位於天皇御所左側的櫻花原本也是像梅那樣的珍貴植物，與滿山遍野盛開的植物完全不同，是在某些人家才能種植的珍貴品種。所以，諸如歌詠梅的有趣之處、繪畫以及色調表現等都代表了身懷唐式教養的文化人的身分象徵，也成爲在貴族社會生存的基礎。此外，梅的盛開對於當時的人們來說，也象徵著熬過威脅生命的寒冷冬季，故以梅花爲主題，做成各式香料，也長時間被視爲吉祥之物。傳說千利休在製作薰香時也喜歡以梅花爲主題，今日在茶道的領域中，練香則被稱爲

「梅香」。

《草枕子》中也有香的故事，在以〈興奮愉悅者〉[6]爲題的內文中：

令人興奮愉悅者，莫如飼養小麻雀。走過嬰兒嬉戲處前。薰燒上等香料，獨個兒橫臥。瞧入唐鏡之稍稍變得黯淡者。身分高貴的男士，停靠車在某人家前，令侍者去通報什麼事情。梳洗罷、妝扮妥，穿上了薰香深染之衣裳。這種時候，即使沒什麼人看見，心裡總不免於興奮歡愉的。等待情人的夜晚，雨腳風聲輕輕搖動門窗，都教人忽然心驚。

清少納言和紫式部在當時的宮中都是很有教養的知名女性代表，而對自己喜愛的事物就會像這樣撰寫出來。「飼養小麻雀」就指照顧小麻雀時很開心的時間吧。女性照顧麻雀的情景在日本古典文學中經常出現，《源氏物語》中也出現了若紫不小心讓小麻雀飛走而傷心不已的場面；在歌舞伎舞台上也有母雀飛到被公主飼養的小麻雀鳥籠旁，看著流淚的場面。對過去的女性來說，當作寵物飼養的動物，小麻雀算是很常見的動物。「走過嬰兒嬉戲處前」是指走過孩子們玩耍的地方，看著孩子的模樣是很快樂的事想必大家都可以理解。「薰燒上等香料，獨個兒橫臥」指的是在焚燒上等香料時，躺臥著心裡的興奮之情。即使是現在，也會有人前來我的店中要求購買《草枕子》裡提到的薰香。只是，即使是再怎麼相近的薰香，也不會是當初那個讓清少納言激動不已的薰香了。因爲，清少納言提到的「上等香料」的「上等」，包含了是重要的人特意送給她的涵義在內，雖然香氣可以模仿得來，但卻無法如實引發內心的興奮之情吧。「瞧入唐鏡之稍稍變得黯淡者」指的是在鏡子本身就是貴重物品的時代，光是手邊有鏡子就是一件令人欣喜之事。「身分高貴的男士，停靠車在某人家前」的車指的是牛車。身分高貴的男性搭牛車而來，派身邊的侍者去看看是什麼事情，可以聽到那台牛車停了下來，回答的聲音。我想這應該也是內心興奮愉悅的瞬間吧。「梳洗罷、妝扮妥」指的是洗完頭，化好妝的意思，但當時的人依照陰陽五行的曆法過生活，是不能隨便清洗頭髮的，所以要擇日洗髮，等的很是心急。在這樣的日子裡，「穿上了薰香深染之衣裳」亦即點上薰香薰染絹衣後穿上，那天就好像自己整個人就會像變了個模樣般美好。在這篇短短的文章中，清少納言有兩次寫到了點上薰香。就像這樣，在當時薰香是如此稀鬆平常的物品呢。

✕ 受歷史薰陶多彩的京都文化，傳承給下個世代 ✕

傳統與革新

身在歷史文化涵養豐富的大地上，是多麼令人感激不盡，我想這是居住在日本的人們共同能理解的。我認為在日常生活中也抱持著對歷史的認識而生活下去，也許正可以說是豐富自己的涵養。特別是生活於京都，擁有專業的我們對這點就特別有實際感受了，我認為更是非得確切實踐不可。但是，光是墨守傳統便會停滯不前，所以正是要傳統和革新並存，我們才能開始有活著的實際感受。

有句話叫「溫故知新」，我認爲所謂的溫故就是生活無虞時順從生命的安排，知新則是生活困難時一定要好好珍惜生命，但是，我也認爲要從溫故之中產生知新的力量。要溫故，重要的是要向肥沃的大地盡其所能地學習。在我的公司中，經常會提到傳統產業的近代化等觀念，但要改變一般所認爲薰香的概念，要做許多努力。我認爲這時候最重要的是對傳統的責任。就好像紙張的正反兩面般，我認爲傳統和革新共存是非常重要的，舉例來說，我公司從過去就承用至今的竹抹刀來進行的製香工作，在長岡京的工廠中則是以機械作業。許多工作爲了讓更多人可以輕鬆一點，並不會只是拘泥於人力執行。這並不是哪種作法比較適合的問題，而是希望這些狀態都能夠共存，讓全體都能向上提昇的概念。

不只是技術，鍛鍊內在是最重要的一環

我平常使用的電腦只要插電，就能夠使用撰寫文章與上網的各種軟體，而這只是灌什麼軟體，開關電源的部分而已。光是這點是無法產生什麼作用的，人類過日子不就跟硬體和軟體的關係類似嗎？人們生活中最終總

傳統的線香製造

明治四十年左右的店面

是只看看硬體的規格與設計。舉例來說，想要穿時髦的衣服或是搭乘好車等等，但是稍微思考一下就會發現，雖然我們擁有非常精良的設備與裝置，但我認爲普遍來說，能運用這些工具的能力恐怕不會太高。舉例來說，人們一方面開著高性能的汽車，卻又不遵守交通規則而引起交通事故；切割物品不可或缺的便利刀刃，卻因爲錯誤的使用方式而引發悲慘事件。重要的是持續鍛鍊軟體層面。即使硬體出現任何狀況，只要擁有軟體能力，也可以留下高效性能。我想，硬體環境只是結果，我們應該意識到的是知識和經驗等這樣的軟實力才對。而繼承這樣的軟實力的正是京都這個千年之都啊！

【摘自平成二十一年三月二十五日
「向薰香學習的京都學」】

畑正高 *HATA MASATAKA*

一九五四年，生於京都府。一九七六年，畢業於同志社大學後，進入松榮堂工作。一九九八年，就任董事長，成爲第十二代的店主，至今。二〇〇四年獲頒波士頓日本協會賽耶賞（Thayer Award）。現在在同志社女子大學任客座講師，著有《香三才》（東京書籍）、《香清話》（淡交社）等書。

松榮堂株式會社 *SHOYEIDO*

一七〇五年於京都創業以來，直至今日仍然專心致志於薰香的製作。提供宗教用的薰香、茶會座席用的香木與練香、住家使用的線香，到帶在身上的薰香與香囊「香百般」等各種香製品，是在京都首屈一指的薰香老舖。在守護傳統薰香的同時，也提供現代的薰香。

京都市中京区烏丸通二条上ル東側
電話：075-212-5590
FAX：075-212-5595
URL：http://www.shoyeido.co.jp/

第三章

祇園辻利

為了讓人們進入茶的世界，
順應時代潮流，
一方面守護著傳統，
一方面生產新產品

三好 正晃

茶的歷史與種類

茶的歷史

中國唐朝時代，大約七六〇年有陸羽著《茶經》，此爲茶之經典。內容記載了茶的種植方式以及品飲方式等。到了日本平安時代，最澄、空海等高僧從唐引進了茶種。雖然此時已學習了茶的種植與品飲方式，但屬於日本人的茶葉經典卻不是創作於這個時期。當時在中國，稱茶葉爲團茶（餅茶），所謂的茶團是以繩子綁縛成團狀，在將繩子繫在腰上隨身帶著。據說當時，比起當作茶飲，更常以像現在的健康食品般隨身攜帶，用爲治療腹瀉用藥。據說當時的食用方式是咬一口團茶後喝熱水，或是用刀削一點下來泡入熱水中飲用。

正統的茶傳到日本是在一一九一年。榮西從宋朝帶回茶葉，開始推廣飲茶的習慣，此外，明惠從榮西那裡分到的茶種，開始在京都的栂尾一帶種植。雖然一般都會說日本的茶始於最澄和空海帶回的茶種，但事實上正式在日本推廣茶與禪教諭的是榮西。

我的店鋪位於祇園。距離店面稍南邊有一座名爲建仁寺的禪寺，那便是日本茶祖榮西所建立的日本最古老禪寺。我們也經常去建仁寺參拜，

祇園辻利

誠心感謝保佑生意興隆。

榮西著有《喫茶養生記》這部經典，因爲這部書而讓茶受到世人的注意，原本的茶並不是普及於庶民間的飲品，而是僅限於公家[1]等上流階層喝的。在這個時代的茶屬於碾茶，也就是所謂的抹茶，但不是像現代要裝到小茶壺裡後飲用，也不是像團茶般當作藥品隨身攜帶，而是將茶葉磨成粉狀後泡入熱水中飲用。

就歷史演進來說，就是從團茶演變成抹茶，再從抹茶演變成現代的煎茶或焙茶等，必須泡進小茶壺中倒入熱水飲用的茶飲。

宇治茶

江戶時代初期出現了宇治茶這個名稱。此時，山城國宇治田原鄉湯屋谷的永谷宗円，製作出現今所稱之爲煎茶、玉露、焙茶等要用茶壺泡的茶葉，而宗円所發明出來的茶葉製法就是所謂的宇治茶製法。

過去宇治的茶商混茶後稱爲宇治茶，所以宇治茶的名號便通用至今，但是最近出現了僞裝產地的問題，日本茶葉界不得不找出確切的因應對策，而有人提出了要如何定義宇治茶的說法。

最後據說只有在京都府內生產的茶葉才能稱之爲宇治茶。歷史上，近江（滋賀縣）、伊勢（三重縣）、大和（奈良縣），在包括京都在內的四個地方所生產的茶葉才會被當作宇治茶，但其中必須包括百分之五十一京都府內生產的茶葉。此外，製品做成茶包的最後加工場所必須是位於京都府內，也是必要條件。我的店鋪中所販售的全都是宇治茶。

只是，我認爲茶擁有各產地的特性，混合各區域茶葉的優點，盡可能提供顧客便宜的茶葉，才是茶鋪的原始要務。然而，現今吹起來一股注重關於茶葉產地的風潮，我的店鋪中販售的茶葉之產地，不得不限定在方才提到的四個區域，這對於我們來說，是非常令人心焦的狀況，我希望各位可以理解。

紅茶與烏龍茶

因爲風味的不同，常會有人誤解日本茶、中國茶與紅茶等是別種不同科的植物葉子。事實上，撇開品種不談，這些茶葉在分類學上全都屬於山茶目、山茶科、山茶屬的常綠植物。

那麼，不同處在哪裡呢？在這裡先就烏龍茶與紅茶進行說明。烏龍茶屬於半發酵茶，紅茶屬於發酵茶。摘下的茶葉在放置了一段時間後，茶葉部分就會因爲熱的關係而產生酸化作用，接著在發酵到一半時便取起焙煎，停止發酵，而這就會製成烏龍茶。紅茶則是一直放置直至完全發酵後再焙煎，停止發酵。葉子放置並不會影響本身的狀態，紅茶很適合用來搭配麵包，而烏龍茶則適合搭配中華料理。請各位先行理解從同一種植物摘下，也會因爲烘焙方法的異同而成爲不一樣的茶品。

茶的分類

在這裡將抹茶、玉露、冠茶（煎茶與玉露混合而成）一起進行大略的說明。製作抹茶的材料時，以石臼碾壓前的茶葉稱爲碾茶，而抹茶、玉露、冠茶究竟有何不同？雖然過去是同一種植物，但現在隨著品種的改良，也出現了適合這些茶葉的各式品種。但是，都屬於茶樹的一支。山茶科是亞熱帶植物的常綠樹，因爲屬於亞熱帶植物，所以適合種植在溫暖之處。據說新瀉縣村上市是日本種植茶樹的茶園的最北端。但是，最近我所看到的是在仙台也出現了自家種植茶樹的茶舖，我認爲茶樹種植的最北端應該還要更往北方一些。

抹茶、玉露、冠茶會覆蓋茶樹，避免光照。這稱爲「覆下園」。

相反地，要照射陽光種植的則是煎茶、川柳、焙茶、玄米茶、京番茶與玉綠茶，而這完全沒有覆蓋的茶園則稱爲「露地園」。請各位理解茶葉烘焙方式的異同。

茶葉所含的茶胺酸屬於胺基酸的一種，胺基酸有甜味成分，是人體不可或缺的成分。茶胺酸是從茶樹根部開始往上輸送，到達葉部時經由日照轉變爲兒茶素，兒茶素因爲有澀味的成分，所以有較多兒茶素的茶便屬於澀茶。雖然對身體有好處，但甘甜滋味的茶品應該更令人覺得美味吧。

以前的人就熟知這個道理，覆下園與露地園的相異之處在於露地園會讓陽光直射茶葉，葉子中的茶胺酸容

煎茶「八坂」

易變成兒茶素，而抹茶；玉露、冠茶則會用蘆葦簾覆蓋，阻擋陽光照射，讓茶葉中的茶胺酸留存下來。這種要下工夫特別照顧的茶種，比起粗茶等茶葉在價格上屬於高價茶。因此，有沒有照射陽光就成為玉露和煎茶的區別方式了。

還有另外一種區別法。那就是將碾茶、抹茶從其他茶種中區別出來。玉露等茶種是以宇治茶製法所烘焙出來的，它們在茶葉的採收期摘取，摘下後立即蒸製過，因為茶在摘下後馬上就會開始酸化，蒸製過後就會停止酸化。接著將蒸好的茶葉揉搓，程序很精細，但蒸製過後再揉捻，茶葉呈現圓球狀，便會接近人們所理解的茶葉樣貌。揉搓完成後，接著烘乾，去除水分，如此一來便完成了煎茶和玉露。而玄米茶則是混入玄米。

另一方面，碾茶和抹茶則是將茶葉摘取後蒸製，截至目前為止的程序都和其他茶葉相同，但是卻不進行揉捻的動作，而是直接放進蒸籠中，讓茶葉直接以散開的狀態烘乾。接著，進行摘取乾燥葉脈的作業，只留下葉肉的部分，這便成為碾茶。用石臼碾壓成粉則成為抹茶粉。

※ 飲用以外的使用方式 ※

在日本，每年四月中旬開始就會摘取新茶，京都由於較鹿兒島等地寒冷，宇治茶的摘取時間會較為晚一些，再早也要到黃金週[2]之前。持續尚為寒冷的日子，到了黃金週就會轉暖，抹茶因為要覆蓋蘆葦簾，所以不會照射到陽光，生長上較為緩慢，因此，摘取新茶的時間也較晚，大概在五月下從至六月左右收成。

新茶的嫩芽因爲很柔軟，請將喝完煎茶後的茶渣取起，稍微擰乾後加入醬油和柴魚片後做成涼拌菜食用。不但美味也對身體有益。另一種食用方式是，在大太陽下曬乾後的茶渣用攪拌機絞碎，加入炸天婦羅的麵衣中或煮好的米飯中食用亦可。在茶芽柔嫩的新茶時期這些都是美味的佳餚，請試著品嚐。

爲什麼我會鼓勵大家吃茶呢？那是因爲茶沒有熱量，而且內含對身體有益的成分，關於茶胺酸和維生素A的作用就更不用特別說明了，重點在於泡過茶後的茶渣殘留許多營養素，茶葉富含兒茶素、黃酮、礦物質、維生素C、維生素B以及皀素等成分，經由茶葉溶解於水中，再倒入茶杯喝進體內。只是，仍有一些成分無法溶解於水中，仍然留存於茶渣之中，最具代表性的就是β胡蘿蔔素（維生素A），而這個成分是能補充肌膚水分、強健消化器官的有益物質。其他還有維生素E，對糖尿病等疾病有治療功效。舉例來說，據說經常飲用抹茶的人，血糖值在早餐前約一五〇mg/dl，餐後則是超過二〇〇mg/dl，但HbA1c值[3]卻不會上升，會抑制約六・五%至六・七%左右。患有糖尿病的人也許都知道，一般血糖值比例與HbA1c值成正比，但由於抹茶富含維生素E，所以會出現上述的情況。而抹茶也富含葉綠素，飲用方式是將茶葉用石臼碾成粉後泡水溶解飲用，與直接食用茶葉是同樣的意義。因此，直接攝取前述成分上，我個人認爲食用要比飲用來得有益。

茶多半內含的兒茶素擁有抗菌作用，而可以製成各種消毒劑。某家醫院的護士寫的書中提到，用消毒紗布以茶葉擦拭臥床的老人家的床鋪，可以有消毒異位性皮膚炎與白癬等疾病。將茶渣收集後乾燥，包入紗布中浸泡至洗澡水，洗一個茶澡也不錯……茶葉是自然物品，所以幾乎沒有任何副作用。

※關於辻利※

辻利的歷史與商業

創業於萬延元年（一八六〇）辻利右衛門與德次郎兄弟，取辻利右衛門中的「辻利」當作店名，在京都府山城國宇治村開始製造與販售宇治茶。其後，德次郎成為三好家的養子，便分家為宇治的辻利與祇園的辻利。

第三代三好德三郎放眼海外貿易，明治三十二年（一八九九）遠渡台灣，開設了辻利，根據獨協大學的波形昭一老師所述，第三代店主涉足了各式政治領域，可見其與商業人士和政治家的交遊。

隨著二次大戰結束，也從台灣回到日本的第四代店主正雄便在祇園開設店面。當年，本來預定在祇園至熱鬧的河原町附近開設，但是考慮到祇園擁有文化和傳統感，因而最終將店面開設在祇園。接著，我的父親通弘繼任第五代店主，現在我則是第六代。

辻利從創業開始就是製造與販售一條線，在我孩提時期，位於宇治有一處屬於店鋪的茶園，經常到那裡去玩。

茶葉在每年的五月至六月左右出新茶，我們店舖會以這個新茶爲主，完全不加以混合，而以「新茶」這個商品做販售；但是，即便是與去年同一株茶樹摘取下來的茶葉，味道上也不會一樣。由於辻利的特有商品有辻利專屬的味道，所以並需進行將取自各地的茶混成自己店舖滋味的程序。此外，也會針對向我們採買茶葉的日本料理店，調配適合該店的茶品。因此，每年我們都會一邊嘗試，一邊調整出每家店的特色茶品。

看著父親的背影學習，步上父親走過的路

我在繼承第六代店主前是電腦公司的商品工程師，由於父親的年歲漸長，約十五年前我便回到家中繼承家業，至今已過了七、八年的時間。此外，父親目前尚健在，所以我得以獲得茶葉味道與經營的祕訣，遵循著父親的腳步往前走。

父親傳給我「顧客至上」的家訓，而這句話有

茶園

很廣的意義層面。從茶的味道爲基礎開始，到安全與否的品質、販售時待人接物的品質，以及反省是否能提供順應時代的商品等等，必須對於顧客的期待感覺敏銳，以此來進行商品開發。舉例來說，父親所開設的「茶寮都路里」即是一例。

一九七〇年代，在此之前日常飲用的茶飲都被咖啡所取代，但爲了使人們更親近茶，於是父親便在店鋪的二樓開設飲茶店，這是一家被當作「茶的專屬修練所」的店鋪，提供顧客享用各種茶飲。現在來此品嚐茶飲的顧客也不少，但當時其實並不受歡迎，因此還開發出甜品，將抹茶做成蜂蜜蛋糕與冰淇淋等商品，是過去沒人嘗試過的作法。但是，隨著時代的變遷也日漸發現到，提供給顧客，並且透過口耳相傳日漸推廣開來，今日除了都路里外，隨處都有抹茶做成的甜點。

當然，初期也許曾被批評爲是邪魔歪道，但是我就是從掌握時代需求，一邊遵守傳統一邊開發出新產品的父親的背影學習的。

掌握方法，理解與品嚐茶滋味

身爲社長最重要的兩件事在於：一、茶的滋味，特別是記住自己的店鋪與向自己採買茶品的店鋪的味道。茶的滋味是用舌頭品嚐，每年提供顧客品質穩定的味道是很重要的一環。所以，一定要具備可以鑑別出美味茶品的眼

抹茶甜品聖代

光。在此，我教大家一個方法。首先，先看色澤，觀察是否爲深綠色；紅棕色或淡黃綠色都不是太好的品質。此外，有光澤與否也是觀察要點。有光澤的茶葉擁有甘甜香氣，便是好茶。再則，捧起茶葉，感受一下重量，沒什麼味道的茶葉，重量較輕，實在而沉重的絕對是好茶。

另外還有一點，要培養品嚐茶品的禮儀，並不是說要成爲專業的品茶達人，而是有緣坐下來品飲，養成品嚐的方法絕對是必要的。

這些都是身爲社長的我，每天愼重的對自己說的話。

【摘自平成二十四年三月七日「關於茶的二三事」】

三好正晃 *MIYOSHI MASAAKI*

一九六一年，生於石川縣。

一九九八年，就任執行董事，進入祇園辻利。二〇〇五年就任第六代董事長，至今。

祇園辻利株式會社 *GIONTSUJIRI*

一八六〇年創業以來，都在專心經營宇治茶的南山城村等京都府南部的山里中，進行種植到精選、吟味至販售工作。一九七八年開幕的「茶寮都路里」目前於祇園本店、東京汐留店、大丸東京店、京都伊勢丹店等地都能享用到祇園辻利的茶飲與甜品。

京都市東山区祇園町南側 573-3

電話：075-525-1122

FAX：075-525-1223

URL：http://www.giontsujiri.co.jp/

第四章

幾岡屋

守護傳統「祇園」以及發現與時俱進的「祇園」

酒井 小次郎

現今少見的雜貨舖這種工作

幾岡屋

我在祇園一角經營雜貨舖，現代，電話簿裡已經沒有所謂雜貨舖的業種，多半是刊登在裝飾品或是服飾、和服小物等分類中，所販售的是舞妓和藝妓所使用的花簪等頭飾品或身上的所有小東西等。

創業於幕府末期文久二年（一八六二），據說過去是油店，後來才改爲雜貨舖。被稱爲幾岡屋就在第三代店主幾岡蓮時期。幾岡蓮是藝妓，和明治維新的勤王志士桂小五郎的愛妾幾松交情頗深，明治元年（一八六八）從幾松獲賜名其中一個字，爲「幾岡屋」，在當時國民皆姓的時期，就直接當作姓名使用。之後，雖然第三代店主收養一個養子，但很年輕就過世，便由身爲掌櫃的父親繼承幾岡屋，當時正值戰前戰後的非常時期，父親守護店舖，直到我擔任第五代店主至今。

關於工作

雜貨舖賣的是什麼呢？即便知道是賣舞妓和藝妓使用的裝飾品等物品，但我想大多數人應該不知道到底指的是哪些東西吧。

舉個簡單易懂的例子，新的舞妓出道時必需要的和服和鞋子等八項道具，我的雜貨舖賣的就是這樣的東西。所謂的道具包括「紅花紋明片」、「紅色皺綢上繡上白色姓名竹籠」、「舞扇盒兩只」、「和布巾盒」、「和式短襪盒」、「鏡子」、「名片盒」、「出道日當天繫的純銀片髮簪」，這些全都是訂製品，繡有當天出道的那個舞妓的名字等這些道具的製作，都會發工給專業職人一一準備。

特別是關於名片，只有我們店裡有專門製作舞妓們所有「花名片」的專業職人，所以全國的舞妓和藝妓們都會在我們這裡訂製名片。販售這類雜貨的就是我們這種雜貨舖。

與職人的來往

在接到置屋[1]和茶屋藝妓們的訂購後，我們就會聯絡職人開始準備。因爲是一定得照老規矩製作的物品，而特別訂購的東西又各不相同，所以我們都需將這些訊息告知職人，請他們製作。

此外，我們也會有「這樣的花簪還蠻可愛的」想法，而特別開發的情況。例如，我的妻子所發想出來的，以蝴蝶蘭的花簪和雪圈的花簪等西式設計的商品。雖然在祇園不會有人使用，但是在地方溫泉區的茶屋對於新鮮商品有需求，所以頗受好評。

只是，近來稍感遺憾的是，有懷舊氣質的職人日漸凋零。舉例來說，過去的職人總會盡其所能徹底地，或是熬夜完成完美的作品交到我手上。但是近來出現了只要是要求對方如期交貨，即使是未完成品也會在時間內交過來；或者是面對「特殊訂做」的訂單，就僅會表示只在工作時間內盡力完成。對於金錢和時間的確會感到不滿，但我認爲相對於此，製作時的那份心意與過去不同才是最令人遺憾的。

時代變遷與祇園

現在祇園中的舞妓和藝妓合計只有百人之譜，在我孩提時代，則多達八百人。每逢五、十日發薪餉時，父親一人總是會忙不過來，我經常去店裡幫他。在我小時候，學校還不像現在那麼嚴格，每到五、十日，老師就會跟我確認「酒井君明天也請假吧？」

我手拿著稱爲「請款單」的請求書到茶屋的玄關：「我是幾岡屋！我拿請款單來了！」出聲收錢。由於是晚上做生意，禁止白天進入，我在下午約四點左右要跑上大約幾十間的茶屋。雖然不是在家幫忙，但是到茶屋經常可以吃到白天吃不到的巧克力等上等糖果，記憶中完全沒有勉強的感覺。

繼承第五代店主是戰後左右的事，當時是經濟高度成長期，世道變化也頗大，祇園的路上或建築物也隨著出現了變化，當時的樣子我仍歷歷在目，但周圍再怎麼變化，重要的仍是要傳達不變的花街魅力。

茶屋和花街的成立

京的五花街

京都有所謂「祇園甲部」、「先斗町」、「宮川町」、「祇園東」和「上七軒」等五條花街。最有名的是八坂神社前的「祇園甲部」。從鴨川西側的四條到三條的狹長區域則是「先斗町」。鴨川東側四條往南百公尺左右開始到松原通爲止則是「宮川町」；「祇園東」則是東大路祇園會館裡的一處小角落；「上七軒」則是北野神社的東側百公里左右這塊地方。

每條花街每年都會舉辦舞蹈大會，我相信大家都聽過〈都舞[2]〉、〈鴨川舞[3]〉、〈京舞[4]〉、〈祇園舞[5]〉、〈北野舞[6]〉。我聽祖母說，這些舞蹈大會起始於明治時代在京都舉辦博覽會時期，在祇園當作餘興節目而開演至今。負責跳舞的是舞妓和藝妓，而舞妓的置屋，過去稱爲子方屋，也就是所謂的經紀公司。

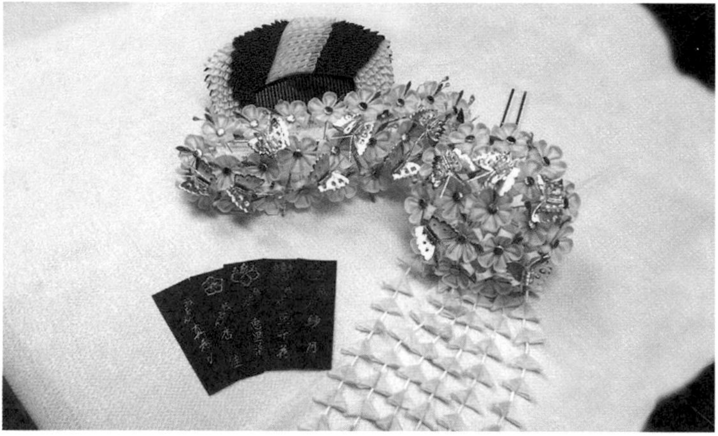

花簪與花名片

五花街成立的緣由

「說到舞妓，就是祇園最具代表性」，這裡因爲具有高知名度，所以我想先談談關於「祇園」。「祇園」開始於從到清水寺或八坂神社參拜的人們稍做休息的飲茶店，參拜的人們會到這些店家喝茶吃糯米糰，漸漸演變成在店舖中也販賣酒等形式。販賣酒之後就出現了舞蹈表演等餘興節目的需求，因此又出現了舞蹈表演的服務。現代餐廳稱爲女服務生的服務人員便是舞妓的發源。在八坂神社的南門前有一處名爲中村樓的茶屋，在這裡會供應酒和味噌田樂等料理，並且教授店裡的女服務生舞藝，漸漸地就演變成今日的舞妓。進入明治時代之後，祇園分成「祇園甲部」與「祇園乙部」兩個部分，到了戰後「祇園乙部」則改名爲「祇園東」。

此外，於現在的河原町周邊的河原建造庭園，開始經營旅館與料理屋，便是「先斗町」的緣起。

「宮川町」則要溯及安土桃山時代。當時，從四條的河原開始一直到松原的河原爲止，據說有七間歌舞伎劇場。傳說耳聞豐臣秀吉將會經過大和大路通松原橋附近的出雲阿國，爲了設法吸引豐臣秀吉到橋邊來而在此表演舞蹈，便是歌舞伎的起源。過去的歌舞伎表演者的地位不

藝妓和舞妓使用的小物

高，並不能出入祇園，只能在宮川町一帶活動，因而在宮川町出現成駒屋和松嶋屋，宮川町也成爲因歌舞伎表演者而繁榮的花街。

「上七軒」則是於室町幕府時期，因北野天滿宮燒毀了一部分，當時以修復北野天滿宮所剩建材在東門前的松原建造七間茶屋，當作來參拜信衆休息的場所發展而來。日後，豐臣秀吉於北野松原舉辦大茶會，這座茶屋獻上了糯米糰，因此給予此地特權，則被視爲這一帶茶屋的原型。另外，這座茶屋也會在曾擔任北野天滿宮女巫的女性成年時沏茶跳舞，則是上七軒的舞妓起源。

茶屋原本稱爲「席貸」，意思是出借場所之意，因此，茶屋中所供應的料理都購自於周邊的料理舖。相信很多人都聽過忠臣藏中有名的大石內藏助，他到名爲一力茶屋的地方花天酒地後，留下了信件和佛龕給妻子。

茶屋裡有所謂的「格」，即使同樣都是到這裡找樂子，在座位上的服務也會有所不同，舞妓和藝妓的花代[7]也要根據原則支付。

✕ 舞妓的養成過程 ✕

出道前

置屋（子方屋）是所謂的經紀公司，在舞妓可以獨當一面之前都要居住於此修習技能。原則上，要花費約五年的時間。過去跟小學畢業的時間相同，舞妓養成約於十三歲，跟我同年的小孩裡，就有人幾乎沒上過小學，平時就到歌舞練習場，在小學六年級時成了舞妓。現代，國家規定人們到中學三年級爲止必須接受義務教育，那些極力想要成爲舞妓的孩子就會在春假等時間住進置屋中，學習技藝。這些孩子中學畢業後就能馬上以舞妓的身分出道。而在中學畢業後才來的孩子則必須從頭開始學習舞蹈等技藝，其他諸如茶道、插花、三味線、橫笛、小鼓和太鼓等也必須學習。此外，出生地北起北海道南至沖繩的各種方言也是個問題，如「おおきに」（ookini，謝謝你）、「どすえ」（dosue，這樣啊）等京都人也不太使用的獨特花街用語也得好好記住。此外，早上要最早起床，等師姊們起床，要在藝妓館幫忙做家事。過著在精神上和肉體上都很辛苦的日子，能適應這樣的生活，並完整記住祇園小歌和京都四季的舞蹈後，考過舞蹈測驗便能獨當一面了。舞蹈測驗合格後，有了師傅的許可便能正式以舞妓的身分出道。穿著「半だらり[8]」（handarari）由師姐陪同上座。當然也有孩子半途就放棄了，所以我認爲可以堅持到最後的孩子眞的要具備有相當毅力。

獨當一面的舞妓到藝妓

順利地成爲舞妓後要努力五年，這段期間要支付置屋提供生活照顧的禮金，有半年的時間必須免費工作，將賺的錢上繳置屋。一直到以舞妓的身分出道爲止，置屋都會提供住宿並供應三餐，所以這算是謝禮。舞妓在出道後開始的兩年之間會從置屋拿到小費，而從客人那裡得到的謝禮則是繳給置屋，這是因爲在成爲舞妓之後的五年時間裡，都要由置屋供應一日三餐。衣服也全都是由置屋出借的。舞蹈等學習費用也由置屋負擔。近年來，由於想要成爲舞妓的孩子有變多的趨勢，因此得先寄履歷表至期望的置屋，再由負責的單位進行書面評選。評選通過後便會通知本人與其監護人前來進行面談，接著就會請對方簽下發誓成爲舞妓、藝妓的合約書，這也是因爲要培養一個舞妓，置屋必須付出相當的費用之故。

在成爲舞妓前的這五年修習期間，由於舞妓尚未成年，上工的時間是晚上六點至午夜十二點。在過了這段時期，獨立成爲藝妓後，就要搬出置屋，住到公寓等地方。客人想要請某一個藝妓就要到茶屋去，這時候茶屋會打電話到稱爲「店借[9]」的地方，而這裡會有藝妓登錄，如果藝妓的時間剛好能配合，就會回應茶屋沒問題，並由茶屋通知顧客。店借是指藝妓可以完全獨立作業所存在的系統，而舞妓則是居住在置屋中，若要請舞妓則由茶屋聯絡置屋，再告知舞妓是否有空。

舞妓的服裝與慣例

舞妓在最初的兩年會梳著名爲「桃割」的髮型，這是流傳自江戶時期的十三歲至十四歲少女的髮型，到了第三年便會改梳「赤鹿子」，其他諸如在各種儀式時要梳的髮型也各有不同。「桃割」時期所繫的花簪是一根六萬五千日圓（平成二十一年時）純銀製品，純正珊瑚花簪則約二十五萬至四十萬日圓，但這僅止於生意好的舞妓，一般使用的是玻璃製品。只是陪同顧客用餐時，只會繫上小花簪，並且不會穿「半だらり」，只會穿著普通和服。

我現在已年過八十，舞妓和藝妓都會叫我一聲「爸爸」，雖然看起來年紀很長，但也不會喊我聲「爺爺」。而面對五十到六十歲的男性則會稱呼「哥哥」；對自家老闆娘則是喊「媽媽」，而大老闆娘則是喊「大媽媽」。

紙門拉開一邊也是祇園的慣例，洋裝只有休假日可以穿，這些孩子在這樣的環境努力著，實在是令人欽佩。

固守傳統並順應變化

婉謝初次光顧的客人的原因，在於這些地方屬於女性的世界，有安全考量，此外到這裡的花費不貲，必須招待信用良好的客人之故。截至約十五年前，遵守這樣規則的店家還很多，但因爲現代的京都致力於觀光產業，網路也日漸發達，因此也開始開放對一般民衆的招待。六月中旬在京都會館會舉辦京都五花街合同傳統藝能特別公演。此外，彌榮會館則有

名爲「ookini 財團」，只要支付三萬日圓費用，就能以便宜的價格在一年之中參加花街的各項活動。其中也包括有舞妓和藝妓參加的宴會。

現在，四條通的北側大樓林立，南側則沒有任何大樓，那是因爲此地原屬於建仁寺的所有地，在明治初期由祇園相關單位的中心人物——一力亭的店主從建仁寺手上購得。現在花見小路一帶則隸屬於祇園中名爲「祇園甲部歌舞會」的土地，今日那一帶開了許多料理屋，土地都是租借自這個單位。這裡被禁止興建大樓，建築物也被規定必須符合和式風格。

就這樣，此地一方面符合時代潮流，一方面又固守著日本傳統，如果能夠讓各位稍微知道這些事情，我將甚感榮幸。

【摘自平成二十一年二月四日「透過花簪所觀察到的祇園生活」】

酒井小次郎 *SAKAI KOJIROU*

一九二五年，生於京都府。
一九六三年，成爲幾岡屋第五代店主。

幾岡屋株式會社 *IKUOKAYA*

一八六二年創業以來，以販售花簪、梳子、腰繫帶、帶揚、扇子、墜子和花名片等藝舞妓小東西起家。明治初期，由桂小五郎的愛妾幾松那裡獲得一字的賜名，取名爲「幾岡屋」，第三代店主是明治時代七大有名美妓之一的幾岡蓮，現在除了京都五花街外，在全日本包括會津若松、新橋・向島・淺草、有藝妓的溫泉街……等地，都有販售藝舞妓用的裝飾品。同時也向一般大衆販售七五三・成人式的髮飾、鏡、香、紅、小提袋、扇子、提籃或包袱布等商品。

京都市東山区祇園町南側 577-2
電話／FAX：075-561-8087
URL：http://www.ikuokaya.com/

第五章

嵐山熊彥

以體察享用者的心情
來烹調料理。
板前割烹是溝通的禮物

栗栖基

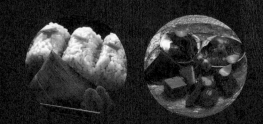

維繫文化與歷史的「料理」

京都的鄉土料理・京料理

京料理是被全世界極爲讚譽的料理形式，但原本這只是京都的鄉土料理。日本從北至南的面積約三萬七千平方公里，形似細長的島嶼，四周皆臨海。因此，從北到南都有各式各樣的鄉土性與習慣。而據說鄉土料理的定義是居民使用居住地周圍三里（十二公里）內可取得的食材來做的料理。

京都自平安遷都以來，有一千二百年的歷史，擁有非常豐富的文化涵養，若著眼於地理因素，京都是座周圍群山環繞的盆地，在過去，鄉土料理與取自於大海的生鮮魚介絕緣，所謂的魚，只是鹽漬河魚的醃漬品。但是，正因爲鴨川與桂川這些大河流經其中，此地擁有肥沃的土地，種植出了京野菜。京都的鄉土料理取自於以天皇御所爲中心所開設的各式場所所能取得的食材產品，再依循春夏秋

嵐山　熊彥

冬或季節行事所烹調出來的料理。因此，加進了京都擁有的獨特文化。

京料理的始祖．大饗料理

平安時代的庶民，將種田後的農穫食材或煮或烤後食用，而當時在宮中吃的則是所謂的「大饗料理」。這原本模仿自中國王朝的皇宮料理，從大和朝廷開始，直到平安時代逐漸成形。日本料理文獻中所記載的料理形式，應該不是最原始的料理。原本，是神明和人一起食用的的一種飲食型態，現今神社的敬神活動也有這樣的飲食形式流傳下來。

首先，有供奉神明所謂的「獻餞」，接著則是所謂的「徹餞」，將供奉的食物取下。此外，所謂的「直會」則是跟神明一起用餐的流程。而大饗料理正是這個型態的延伸，在名為「台盤」的桌上放置各種食材、乾貨、唐菓子、水果和魚肉等或蒸或燒烤的料理，當時還不是將食材調理後食用的時代，所以沒有調味，據說鹽或醋等是依照各自的喜好添加後食用。

現在日本料理的始祖．本膳料理

到了鎌倉時代，佛教也推廣至一般大衆生活中，隨之而來的是寺院內的精進料理也廣為流傳。所謂的精進料理是非常好的料理形式，舉例來說，用麵粉再細磨成粉做成丸子等，也受到了在當時日本尚未出現的中國料理方式的影響。這與日本料理的發展有關，在鎌倉時代，可以說是日本料理的原點——本膳料理就此誕生。這種料理融合了許多人的智慧衍生而來，是可以和神佛一起用餐的飲食儀式。本膳料理是要花很長時間享用的料理，依文獻所述，約從早上十點開始至隔天下午二點才結束。這樣的料理必須符合禮節，也反映出當時的文化情況。舉例來說，將軍前來時，就要重新興建冠木門或書院，也要改變用餐場所的擺設，並且以當時的茶道、香道、花道（插花）來招待。這樣的料理要花上一天一夜享用的理由在於，除了七五三的餐食外，十五道、十七道還有二十一道都是數量不少的料理。其中還有名爲式三獻的婚禮酒宴。所謂的式三獻就是今日的結婚儀式中三三九度[1]的原型。在日本的儀式中，一定會有這樣的婚禮酒宴。式三獻的下一個就是本膳，大概會有七道菜。接著，就會端出四道至十七道料理。用餐時還會有能劇的表演，能劇在明治時代以前，一般庶民是無緣觀賞的，是僅限於武家之間所培養出來的喜好。每一道菜中的料理數量各有三種至五種，大多數時間在觀賞能劇，飲食多半在談話間以筷子挾取食用少量料理上。這時候將軍和陪伴在身邊、地位較高的人士，會將十七道菜吃完。而他們下位的人則吃大約七道菜左右，最下階層的人也有料理可吃。根據文獻記載，據說本膳料理一次用餐人數大約四百至五百人。人們經常說「同吃一鍋飯」，這種料理形式所反映出的是根據身分而在飲食種類上有所差異，但總有一道是大家都相同的料理，這道菜肩負的是提高集體意識的功能。

飲食作法的始祖．懷石料理的發源

隨著時代的演進，到了戰國時代飲食隨著時代風潮而有所變遷，此時已經無暇從事得花費一晝夜的飲食形式，因此出現了伴隨著茶道發展出的懷石料理，而這樣的料理形式體現了禪的教誨，也成爲現代飲食的禮儀形式。禪僧是在遵守戒律的原則下飲食，因此導入了部分禪的精神，並將本膳料理中較爲華麗的部分全都去除，只留下必要的部分。只是，關於飲食還具備了美的意識，追求與器皿的結合和料理的擺盤形式。茶道中的懷石料理，經過珠光、紹鷗和利休等茶大師的努力，去除了茶會只是單純的娛樂性質。當時的懷石料理包括一湯三菜、飯、湯、日式冷盤等涼拌菜，加上燉煮料理的燉菜、燒烤料理等。由於是茶懷石，主要目的當然是搭配飲用濃茶。爲了不讓濃茶傷身，便在飲茶前奉上簡單的料理，便是所謂茶懷石的起源。現在的懷石料理極爲華麗且料理道數衆多，價格所費不貲，我想已經失去了茶懷石原始的精神了……。

料理屋誕生的江戶時代

接下來就來談談我們料理屋的原點江戶時代。

在這之前，我們店鋪並不是料理屋，前身是在神社

春的前菜

和佛寺門前生意不錯的茶舖和在花街裡的店舖。京都在文化、文政時代，約莫一八〇三年至一八四〇年間，在高瀨川畔的三條開了一家名為「生洲」的料理屋，這家店在高瀨川裡放置竹簍，把魚放在裡面，料理屋主要就是販售以這些鱸魚、鯉魚、鮒魚以及京野菜料理。當時，三條的高瀨川沿岸約有七、八間這樣的料理屋，其中留存至今的也僅有名為「美濃吉」一家而已。在「生洲」的店裡寫有以下有趣的文字：「禁止琴三弦樂音，婉謝婦女聚集」。意思是只禁止音樂演奏，也不歡迎女性顧客的意思。我詢問了歷史學者其中的緣由，據說恐怕是因香味的問題。要避免女性頭髮的香味，希望保留料理的純粹性是當時料理人的氣概。此外，京都有間具百年歷史的料理屋，那就是位於南禪寺附近的「瓢亭」，這家店起源於一間茶舖，原本位於東海道五十三次的終點站：三條大橋的入口處。當時主要販售糯米糰子等，後來漸漸演變成販售烏龍麵等輕食，現在也是日本具代表性的料理屋。

明治以後的料理變遷

接著，明治時代來臨。我想明治維新時期是日本料理屋稍微式微的時期，因為此時頻頻與西洋進行交易，在此之前的食肉禁令也解除了，出現了招待西方人的需求。為了能滿足他們的需求，便不得不開始烹調西式料理，在肉類的使用上便開始多了起來。就這樣開始了西式料理風行的時代。

到了大正時期，開始出現重新正視日本自古以來文化的風潮，大正末期至昭和初期，這個風格達到鼎盛。

就在這個時期，我的祖父開設了「たん熊北店」（tankumakita mise），由於明治末期，鐵路山陽本線的開通，有許多捕獲自瀨戶內海的魚鮮送入京都，京都的料理人們便善用這些新鮮魚貨，產生了各式各樣的烹調形式。身爲料理人的祖父，承蒙在這個時期而有獨立的機會，也就是所謂的板前割烹的料理形式。當時的時代並沒有吧台前的座位，料理店必須設置座位，將用品擺設好。料理人也不會出現在顧客面前，更不用說是讓顧客看到料理食材的現場了。但是，當時擁有強烈獨立志向的料理人們，思考著也許可以在店內設置吧台那樣的陳設，在顧客面前料理食材的型態也許可以行得通。

板前割烹開始普及後，料理人便更容易獨當一面了。即使進入昭和時代，這樣的模式依然持續發展，但隨著第二次世界大戰的爆發，這樣的潮流便停止。由於戰爭時期的節約風潮，此時沒有享受料理的閒暇，日本料理也隨之式微。但是，戰後由於高度成長期，料理店又再度發展起來。

板前割烹「たん熊」的誕生

京都經營最初這樣的店舖形式是現在的「たん熊北店」，以及曾經位於祇園的「濱作」。據說當時京都的各家老闆看到這樣的料理形式都非常驚訝。當時的京都大老闆們都不會在家用餐，過著在外頭用過晚餐後到花街逛逛，接著隔天早餐也在外面用餐的生活。因此，每天都會光顧各種的料理店，據說甚至比料理人更瞭解料理店。我的祖父對著這些大老闆聊聊其他料理店的狀況，或是料理相關的話題。而板前割烹這樣的料理形式前所未有，立即引來了關注，並且在京都流行了起來。

但也由於是在顧客面前料理食材，所以必須擁有可以馬上回應顧客點餐需求的反應與料理技術。這並不是每個人都能簡單做到的。在當時的板前割烹的現場有一個助手的工作，這個工作重視的是要馬上回應顧客陸續提出的需求，並且要順著需求依序快速地烹調出五道料理，我的祖父因爲可以做到這點，被衆家老闆讚揚是「料理天才」。現在，到了板前割烹的料理店，在形式上可以順應顧客的點餐，但料理的內容物都事先決定好了，也無法隨著顧客希望的料理方式去烹調食材，但這就不是最原始的板前割烹了。所謂的料理並不僅止於料理的這一方，而是要瞭解食用者的需求才能成立，是一種雙方的共同作業。烹調者根據利害得失單方面決定料理形式，並不是本來理想中的料理狀態。料理人一方面要顧及飲食者的感受，一方面烹調食材，這才是原來的形式吧。近來，也有人開始提倡料理人應該屬於藝術家的概念，但我並不認同只想要滿足自己，單方面提供顧客需求的料理人。我認爲由於料理是吃進口中的東西，應該要顧及飲食者的身體狀況和喜好，透過與對方對話再烹調出來。我希望可以再次回歸我祖父所提倡的，將料理當作是與顧客的共同作業來烹調的原點。

✕ 京都的季節料理 ✕

透過擺盤表現的四季

懷石料理的冷盤幾乎沒有什麼額外裝飾，直接以食材擺盤。夏天的冷盤便是只以器皿和料理本身來表現出清涼感。顧慮到顧客的需求，首先，便於食用是所有事情的首要考量。比起裝飾，吃起來美味才是重點。

此外，所謂的盆景是在盆子中營造景色的日本獨特擺盤形式。盆的底部是大型食材，例如，爲了營造可以眺望遠方山巒的樣貌精心配置的料理，配置可以表現季節感和色彩感的食材。總之，就是擺盤出可以呈現自然景觀的料理。

此外，到了秋天，也會營造出賞月或重陽節的景色。所謂的「菊釜」，就是用菜刀將香母酢（又名臭橙）雕刻成菊花的模樣，並且用鱒魚卵和烏賊做成菊花壽司，當然不會忘記加上代表此季節的食材：松茸。像這樣，日本料理在視覺上就呈現出了季節感。

正月的雜煮

在正月登場的是雜煮。在京都會使用白味噌，而白味噌是種非常昂貴的味噌。一般還稱爲公家味噌[2]。高價的理由在於必須使用大量的米麴。過去，米對於日本人是堪比金錢的重要物品。雜煮裡還有芋頭和丸餅。模擬三種神器中的「八咫之鏡」，鏡餅是圓形的，將這個烹調成食物，做成雜煮，可以說是料理人的智慧結晶。後來，有了京都紅蘿蔔和白蘿蔔，白蘿蔔切成像龜甲的六角形，紅蘿蔔則切成冒出的圓形，非常喜氣洋洋的擺盤。像這樣，注重視覺享受，是日本料理中很重要的一環。

御節料理

一月一日的元旦和三月三日的上巳（女兒節）、五月五日的端午節、七月七日的七夕以及九月九日的重陽節等，每年這幾天就是所謂的御節。過去，這幾天宮廷都會舉辦名爲節會的宴會，品嚐御節料理。一月一日是節會中最特別的日子，這個被稱爲元三的節日，代表年、月、日三者全都回到原點，亦即包含了時間重新開始、返老還童的意義在內。所以料理上也會使用表示恢復青春和象徵吉祥的食材。例如，御節料理的食材中會放入「熨斗鮑」這樣的煮物，在京都則會用海老芋來當作「熨斗鮑」。而御節料理也有各式各樣的裝法，名爲段流。分成第一段、第二段、第三段和第四段等各自横一列的裝法，以及名爲亂盛，從四角開始往正中央裝盛的裝法。御節料理可以說是濃縮了日本料理技術的一種料理，料理盒中的第一段到第四段分別代表了春夏秋冬，春天是綠色、夏天是紅色、秋天是白

松花堂便當

色、冬天則是黑色。夏天和秋天之前則是加入了黃色，總共有五種顏色。日本人看到五種顏色就彷彿在觀賞風景，頓時覺得恬靜舒適。

賞花料理

在櫻花季會烹調可以帶著去賞花的便當，賞櫻花對日本人來說是很重要的儀式，可以說是祭典的起源。日本人從過去就很重視日常與非日常的分別，這裡的非日常就是特殊節日，會吃一些平常不會吃的昂貴食材做的便當，在這一天也不作任何工作。而日常就是一般生活的日子。近年來，這樣的分別也漸漸地變得沒什麼區隔了。

懷石料理

在我的店裡也有茶懷石。四百年前所設計出來的料理組合仍然沿用至今，全都是一道道順序上菜的型式。一般的宴會料理就會放在有桌腳的小食案上，但在茶室這種比八塊榻榻米更狹小的斗室中，有桌腳的小食案是很干擾的，首先要先端出飯碗、湯碗和三種小菜，接著才端出煮物碗與烤物碗，三菜一湯的分量很充足。搭配濃茶一泡，這樣的分量綽綽有餘。而現在，則設計出各種料理，光是享用懷食料理就要花費兩個鐘頭，與過去的邏輯完全不一樣。

鍋

接下來是鍋。在京都有光是賣這種料理就維持了三百年以上營運的店舖。賣甲魚鍋的「大市」，俗稱「丸鍋」。

我的祖父也設計了一人份的小型丸鍋，而這種鍋的湯頭則成爲我們店裡的知名料理。過去，甲魚被當作奇特物品，因此以川千鳥的名稱出現在食譜中。而甲魚是一種健康食材，膠質非常多，熬成湯品更是絕品。丸鍋這個名稱不是指甲魚不要的部分，而是整個完完整整全都被吃掉，才有這個名號。

每年到了冬天，我的店裡就一定會供應丸鍋，原本就不太能喝酒的人請避免食用，也就是說丸鍋會用酒料理，酒有消除腥味的效果，而甲魚也有一種獨特的腥臭味，因此，烹煮的時候會加入酒和水來消除臭味。

⋈ 想傳達給下個世代日本人的飲食精神 ⋈

我曾經在某所小學的味覺教育課上，教授關於「多謝款待[3]」的意義。當時我告訴他們，所謂的「款待」，是指作料理的人或是收穫食材的人等，花了時間、心力烹調出來東西全部集合起來的料理，對於這個料理保持著感恩之心，就會說「多謝款待」。隔年，我在飲食教育的課堂上，和已經成爲小學六年級生的他們，一起作了蘿蔔蝦末燴，當時還特地使用了車蝦。我讓他們觸摸了活生生的蝦，並告訴他們「請好好珍惜享用蝦子的生命」，那一堂課教的就是「珍惜享用[4]」的心意。因此，當時的我提問：「大家知道所謂的享用是什麼樣的事情嗎？」無論是白蘿蔔或其他的蔬菜都是一種生命，白蘿蔔在寒冬中的泥土裡成長，不會凍死是因爲泥土裡的養分讓它活了下來，但是白蘿蔔無法清楚地把我的意思傳達給孩子們，因此我便使用了活蝦，讓他們將蝦子的外殼和尾巴去除，我希望他們能藉此知道珍惜享用生命的道理。這麼一來，他們才會眞正瞭解到「多謝款待」和「珍惜享用」的眞正意涵。

飲食是非常重要的大事，是孩子們無法一下子就能理解的事情。但是，若能像這樣好好地去教導他們，肯定也能夠理解，並深刻且實際感受到「多謝款待」和「珍惜享用」的意義。無論是飲食也好，其他事物也好，要愼重地愛

惜最根本的意義絕對是必要的，特別是還沒有太多既定觀念的小學階段這樣年紀的孩子們，只要透過這樣的教育，就能讓這樣的觀念在心中確切地萌芽。

我們料理人將日本料理傳承下去是很重要的事，但相對於此，爲了能確切地教育下個世代，我認爲也要仰賴在飲食教育上的紮根。

【摘自平成二十一年一月二十八日「京料理二三事」】

栗栖基 *KURISU MOTOI*

一九六一年，生於京都府。一九八二年，畢業於京都外國語大學後，進入京都格蘭特飯店的「たん熊」，跟在父親正一的身邊學習料理。一九九七年，擔任董事長的職務至今。也擔任調理師學校的講師。

熊彥株式會社 *KUMAHIKO*

一方面繼承江戶時代供應季節性河魚的生洲料理屋的高瀨川傳統，一方面也更加精進料理技巧，成為兩千家還有谷崎潤一郎、吉井勇大師等文人墨客的愛店「たん熊北店」。嵐山熊彥則是「たん熊北店」的姊妹店，以供應宮中的有職料理、武家的本膳料理、寺院的精進料理以及茶道中的懷石料理而知名，是京都有名的京料理老店。

京都市右京区嵯峨天龍寺芒ノ馬場町 5-1

電話：075-861-0004

FAX：075-864-1689

URL：http://www.kumahiko.com/

第六章

龍善堂

符合時代潮流，
並超越時代的茶具製造

長田 光彥

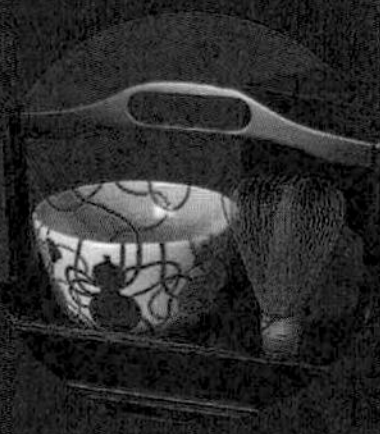

輕鬆享受飲茶的「喫茶去」體驗

今天我想讓各位輕鬆享受喝一壺茶的「喫茶去」體驗，所以會爲各位選擇可容納大約兩人的場地。

飲茶的世界有句話叫「一期一會」，一開始是指兩個見面的人想一起喝一壺茶，並不是特指茶道終點茶的儀式，所以輕鬆享用即可。

事實上，我受邀參加在沖繩舉辦的茶會，昨天晚上才剛從沖繩回來。現在都已經十一月中旬了，沖繩的氣候還可以穿短袖，京都和沖繩有如此的溫度差異，距離當然也不近。

其中，茶菓子基本上當然還是用和菓子和乾菓子，我想這才是最適合茶的口味。但是，今天我想換個作法，想換個沖繩豆腐煎蛋捲。

今天裝點心的器皿是「茶箕」，畚箕狀的外型正好符合現在這個季節，將許多落葉四散的景致都蒐集起來。

點心器皿裝盛兩人份的點心共三個，數量並不多，表示來客的心情和我（亭主）的心意全都想辦法傾囊相授。

駱駝火鉢

現在裝茶的是普通的水壺，但一般來說即使是水壺，若要展現誠意，也會使用大受好評的大西茶釜或蘆屋霰釜來煮沸熱水。現在我就要使用蘆屋的霰釜來泡茶給各位飲用。

我手上拿的是龍善堂販售、名爲「徒然茶香」的盒子，可以輕鬆將享受飲茶樂趣的道具收妥的茶箱。如各位所知，茶有所謂的表千家、裏千家、武者小路千家以及江戶千家等流派，而這個茶具則是無論哪個流派，是根據「想喝一壺茶就喫茶去」的想法所設計出來。

茶箱中收放了茶碗、棗[1]、茶杓、茶筅等茶具，所以如果有點心、熱水與抹茶，就可以馬上享受飲茶樂趣了。

首先，我來談談這個茶碗。這是我在某個窯做的茶碗，樣子有點抱歉，眞不好意思。

棗則畫了寅時蒔繪，今年（平成二十二年十一月時）是寅年，再過一個月就輪到下一個干支了，我想這也許是這個道具最後發光發熱的舞台吧。

從茶箱拿出茶筅，把茶碗放在左手邊，茶具則放在稍微右側，寅之棗裡裝的則是名爲「龍之白」的龍善堂茶葉，其中也包含茶葉的「龍」和棗的「寅」的龍虎文字遊戲意涵，熟知這個典故的客人，當我們展示給他看寅之棗時，可能會問：「裡面的茶葉該不會是龍之白吧？」

抹茶也是一樣。剛從茶罐拿出來時，一陀又圓又硬，爲了盡可能解決這個狀態，重要的是要淋上茶後再飲用。雖然有點燙，但請慢用。

我就是要讓各位瞭解所謂的「喫茶去」就是這樣的意義，所以爲各位實際演練。

如果可以讓各位享用茶香與滋味，我想是再好也不過了。

※關於龍善堂※

茶具舖這樣的工作

我是這家茶具店鋪的第八代店主，昭和二十年（一九四五）四月十日出生，現在已經六十五歲了。

龍善堂從寬政年間就開始販售茶具，在這之前則是雜貨店，從經營茶具店開始，到我是第八代店主。

即使是茶具，也有所謂的流派，東西也有新舊之別，而我們店裡則是跨越流派的鴻溝，販售各式各樣有關茶的道具。此外，從老東西、年輕師傅做的茶具，到龍善堂原創的商品都有販售，就像剛剛的「徒然茶箱」就是龍善堂的原創商品。

我出生於京都，但龍善堂在東京也有分店，在我小學三年級搬到東京後，就在那裡成長。雖然現在可能還是老實到讓人不禁懷疑「這傢伙沒問題吧？」但據說剛搬到東京時可是個搗蛋鬼。

小時候我對茶具或家業一點興趣也沒有，有段時間根本沒打算繼承父親的家業，大學畢業後我進入御本木[2]工作，當時的御本木珍珠在銀座有間很棒的店面，我也因此參加珍珠設計評選會，並獲得獎項殊榮，但最後我還是回家盡孝道至今。

然而，雖然我回到京都了，但當初不但講話的口音不一樣，而且也不太能打入同行之間，「乾脆回東京吧！」的想法可不是只有一次或兩次而已。

而現在比起在東京，我待在京都的時間更長了，我想根本就已經成爲道地的京都人了，而我身處於京都和東京，可以同時理解這兩處的優點和缺點，我想也是好處吧。

父親的話

繼承龍善堂之時，父母經常對我說：「好好地讓茶具有個好歸宿。」好好照顧商品，讓送到顧客手上的茶具或商品能發揮功能，而且偶爾還要讓它們回來看看。我想這就是所謂的「售後服務」，但在此之前請好好伺候這些商品。

剛開始，我不太能理解這個家訓，也常常有疑問，老是被訓斥「你自己好好想想！」卻完全不告訴我箇中意涵，所以現在我所說的是我自己的解釋。

此外，父親還告訴過我「無心是道」這句話，意思是指「只要無心，即能成道」的意思，我想這就是父親希望懷抱著「無心」去開創自己路吧。我也曾想

附有茶室的店鋪

過，祇園眞的是如此想就能開創自己道路的地方嗎？所謂的「無心」就是只沒有心嗎？我常思考這到底是什麼意思，我現在還缺乏把這件事想清楚的能力，所以再給我一點時間，我會以弄清楚箇中涵意爲目標好好努力。

此外，我家還有「一家之主要思考新一年的原創商品」的家訓，龍善堂代代都會順應時代潮流，製作符合新年氣息的原創茶具（香合、茶碗和棗等），一方面聽取職人有關顏色和形狀等的建議，並且委託他們進行設計和製造，而這件事也關係著隔年龍善堂要朝哪個方向發展的計畫。我想到龍善堂光顧的顧客們，從店頭就能一眼發現專屬龍善堂的色彩，而每到新年，也希望龍善堂能推出原創產品，當顧客看到這些產品，就能感受到今年龍善堂的氣氛。繼承自父母、祖父母與歷代祖先的茶具店以及龍善堂茶具，我期待能一方面符合時代潮流，一方面超越時代。

憑藉著職人的氣質

龍善堂並不只是販售現成茶具，也會製造，而這是多虧了從上一代、上上一代開始就支持著龍善堂的職人們的幫忙。

製造新年茶具時，職人們也會饒富興味地等待著「今年龍善堂會做什麼樣的委託呢？」即使是稍微任性的拜託，也會反覆討論與試做，將成品交付出來。我想，這就是所謂職人們鍛鍊出來的技藝以及對於琢磨物品製造的表現吧。我能感受到這就是「工作就是做到自己滿意爲止」的那份職人的靈魂。

從禪的教誨中創造出來的喫茶去

喫茶去的由來

我想大家都懂「一期一會」的意思，而關於「喫茶去」，我相信大多數人能理解的是「喝一壺茶」這個層面，但其實喫茶去還蘊含了「你們喝杯茶後就走吧！」的意義。

據說在中國唐代，有個出身山東省的趙州和尚第一次使用了「喫茶去」這個詞彙。這個和尚出生於七七八年，卒於八九七年，傳說活了一百二十歲。

趙州和尚從八十歲開始就在河北省趙州名爲「觀音院」的禪宗寺院修行，領會了獨有的禪風並廣爲推行，當時誕生的語言裡就包括了「喫茶去」。

某一天，有兩個年輕和尚對他說道：「請讓我們在此地修行。」趙州和尚問道：「你們過去曾經來過這座寺院嗎？」一人答：「來過。」另一個人答：「沒來過。」接著，趙州和尚對著曾經來過的那位和尚說：「喫茶去。」（好吧。喝杯茶後就走吧！）對另一個不曾來過的和尚也說：「喫茶去。」（喝杯茶後就走吧！請想清楚後，再回來。）看到這個情況的寺院住持問：「爲什麼來過與沒有來過的和尚都告訴他們『喫茶去』呢？」趙州和尚沒有回答這個問題，一樣對住持說：「喫茶去。」

傳說中，住持因爲這句話而深深理解趙州和尚的義理，頓悟道：「這就是不分人我的無我境地。」

在另一則故事中，某一天，有個和尙敲了好久的門，仍然不得其門而入，因爲門始終緊閉，所以他往門的前方走去，看到一扇打開著的門，他敲了敲門，請求道：「請讓我進去，請讓我在這裡修行。」「你請回吧。」得到嚴厲的拒絕，門也緩緩地關上了。這時候和尙用腳卡住門，死命阻止門關上，但門還是關上了，和尙的腳也斷了。和尙儘管在精神上擁有叩門修行的心意，但卻無法耐住身體的疼痛，這時趙州和尙開門出來，他問道：「你想越過門嗎？」接著他說道：「『我』正在此。」亦即：「『我』只在此地，即使精神上有想要進入此地的心意，但身體上卻全然聽不見這個心意。」竭盡心力地去做，即意謂「你已經悟道了。在此之前的你，請務必進來寺院裡，我替你治療腳傷，並且喝一壺茶吧。」雖然斷掉的腳一輩子都沒治好，但這個和尙仍然拖著腳承繼了趙州和尙，也成爲受人尊敬的高僧了。

我們即便是敲著門要求「無論如何都讓我們進去」，但若是要讓腳承受這樣的苦難，甚至是像更早之前，得到「你請回吧。」的嚴厲回應，應該就會轉身離開了吧。其中也是因爲時代漸漸改變的緣故啊。

重要的是為人著想，並且思考能為人盡何心力

在精神目標上，我理解的「喫茶去」指的是「喝杯茶後就走吧！」的嚴格教誨，但我卻是抱持著「好吧。喝杯茶後就走吧！如果滿意，請您再回來。」的心意，在這個時代這種「喫茶去」的想法不是很棒嗎？我想，我的確能充分理解勝過自己的絕妙之處，但「超越自己」卻不是如此簡單就

能說到做到的。

茶道本來是千利休所創造的侘茶開始的，也認爲侘茶是最崇高的茶，不只是茶具，連氣氛也加以利用，招待顧客的傳統茶道作法是極爲重要的。

然而，今後的時代，不只是正座、升火、插花、泡茶和準備點心……等的作法，是否也應該像現在的「喫茶去」、「喝一壺茶吧」，那樣地過生活？

如果身邊有茶碗、棗、茶杓和茶筅，可以喝一壺，再聊聊天。我正是希望推廣這樣的茶藝。只是，如果忘卻根本，就是本末倒置了，我就是希望能站在理解以茶與點心招待顧客的基本道理上，稍微打破藩籬、輕鬆地招待顧客一壺茶。我今天不是要讓各位瞭解基本的茶道，而是若能讓各位享受茶的樂趣，那便是再好也不過了。

道具的使用方式

茶碗

來聊聊稍微實用的部分吧。我的父親在生前曾經這麼說過：「茶碗要好好地放在手裡。」

現在，這裡有一只我做的茶碗，所謂的「好好的」是指，雖然人的手大小各有不同，但茶碗放在手掌上，手指頭彎起剛好一半處可以捧著茶碗，接著右手伸出捧著就能輕鬆地喝茶那樣的大小。即使是專業職人做的茶碗，大碗還是會讓人感到不好使用，因此茶具還是以好用爲佳。

再來談談茶碗清理，可以拿家裡的圓鉢倒入些許沸水，用茶碗以舀水的方式放進圓鉢中，接著再將沸水倒入圓鉢中，在圓鉢內以沸水清潔茶碗，最後再晾乾約一週的時間。

爲何要以沸水清潔茶碗，這是因爲以冷水清理茶碗無法讓碗芯乾透。特別是樂茶碗等的茶碗用冷水清洗，沒乾透的水分就會發臭，且臭味立即會散發出來。茶碗若能小心使用，狀態會隨著使用次數而越來越好，因此重要的是在使用時與清洗時都要好好對待。

茶杓、棗和點心器皿

用茶杓舀茶水後，茶匙處因爲沾到茶水也會變髒，若用冷水清洗是不行的。竹子請用面紙擦拭乾淨，過去則用柔軟的布或懷紙擦拭。

棗則用熱的柔軟毛巾擦拭一遍後，立即用乾燥柔軟的毛巾擦乾。用熱毛巾擦拭，熱氣會使水分蒸發，去除水氣，也由於直接用手觸摸會沾染指紋和油脂，我認爲用毛巾擦拭是最適當的作法。重要的是擦拭後，爲了確實將水分擦乾淨，要立即用

徒然茶箱

八角馬上人物繪水指

乾毛巾擦拭。裡面的茶葉都清理乾淨後，以柔軟的紙張擦拭，外側一樣如此清潔妥當，就能維持長久使用。點心器皿也一樣用熱毛巾與乾毛巾擦拭。隨身攜帶濕熱的毛巾與乾毛巾，大多數的茶具都能清理乾淨。漆器大多數很忌諱濕氣，用溫熱的毛巾擦乾淨後，要再快速用乾毛巾擦乾。

茶筅

刷茶時茶筅的茶穗部位會殘留茶水，以溫水洗滌就可以清洗乾淨，若茶穗殘留茶葉，用手清理乾淨亦可。接著放在茶筅架上，就能讓茶筅的使用壽命延長。當然龍善堂也有販售茶筅架，即便茶筅折舊慢慢地變得越來越不能使用後，也可以在作菜需要磨柚子皮時，用來收集散落的柚子皮。

茶釜與茶壺

若是陶製茶壺，那麼跟茶碗同樣的清潔方式即可，近來人們會在夏天使用看起來有清涼感的玻璃製茶壺，茶壺通常都不是使用耐熱玻璃，所以用冷水清洗後擦乾即可，因為幾乎不會沾染到油脂，若真的有需要，以洗潔劑沖洗，也能清理得很乾淨。

茶釜因為會沾到炭火，本來是將麥桿結成束，以不傷茶釜表面的方式將煤炭取出來，裡面再用乾淨的毛巾擦乾，外側用拍擦的方式清理，拍擦不但不會傷到茶釜的表面，也能擦拭髒污，也不會損及茶釜的肌理。只是，茶釜一定會生鏽，鏽本身也是一種鐵質，對身體有益，但若整個出現紅鐵鏽，也不是好現象，這時最好要趕快處理。歡迎隨時來找我。

柄杓

最後是柄杓。柄杓的茶柄部分，要用起來順手。將柄杓放進熱水中，馬上放進去時，會因爲溫度的差異而產生熱漲冷縮的現象，也因爲如此，務必以清潔茶筅的方式用沸水清潔是最適當的作法。

※對工作的想法※

以體貼對方的心情來作「準備」

我最注重的詞彙是「準備」兩個字。不只是泡壺茶，在泡一壺茶前所有必做的準備事宜，更是有趣。調查服務的顧客是什麼樣的人，瞭解顧客也是「喫茶去」的其中一個涵意，也能放掉「喝杯茶後就走吧！」的念頭。在事前產生「想要爲對方這樣服務」、「因爲這樣，所以我要這樣做」的感覺就會不斷地湧現，而這不就正是招待顧客的心意嗎？一方面思考對方的心情和顧客的想法，盡最大限度的力量去努力，我想這就是現今「喫茶去」的涵意吧。

無論如何都無法隱藏自己的心情，不正是會讓那份體貼變得更加薄弱嗎？像今天這樣，我拿著自己店裡的茶具到這裡來，並不是惹人厭地告訴你們「覺得不錯的話，可以到我的店裡購買。」而是抱持著對於自己做的茶碗無比的驕傲，希望爲你們展現，我眞心認爲自己店裡創作出來的「龍之白」眞的很不錯。我一面講這些聽起來很了不起的話，一面也深知自己的不足之處，請各位容我日後反省。

茶道也有任性的地方，但從那份任性的心情中，也能體會製造工具的奇妙之處。茶碗的大小、重量以及高檯的外型等都有基本的規定，但只是忠於基本規定，難免顯得無趣。在其中找出小樂趣去突破，正是龍善堂商品的主旨。

想販售一輩子珍惜的茶具

談個天外飛來一筆的話題，名畫家畢卡索總畫些令人看不懂的畫作，但作品卻能打動人心。但是，其實看不懂的人也會說「看得懂」吧，我想就連我看到眞品也一定會「哇」地大聲讚嘆，即便我已聽聞眞品的樣貌。

然而，若有人告訴我：「這是畢卡索的畫作，所以要賣三千萬日圓。」也許仍然還是會有人掏腰包買下來。另一方面，即便這是默默無聞的作品，相信也會有人眞心喜歡而買下來吧，應該兩個狀況都會被很珍惜的保存，我想對於茶具店來說就是要讓後者可以一輩子珍惜該茶具。可以遇見這樣的客人眞的是很令人高興，所以我的店鋪才會想供應可以與畢卡索匹敵的名品，也會選入一些默默無聞工具來販售。

我可以談有關茶具的種種，根據觀察茶具的使用狀況，就可以明白這個人的「品行」如何。茶具的使用方式等等有時也會隨著使用習慣而變得草率，但還是一定得使用。我希望可以回歸初心，面對茶具。

【摘自平成二十二年十一月十七日「喫茶去」】

長田 光彥 *NAGATA MITSUHIKO*

一九四五年，生於京都府。畢業於明治學院學士後，一九八七年，就任第八代龍善堂社長至今。

龍善堂株式會社 *RYUZENDO*

一七八一年創業。當時，是一間販售各式工具的店舗，從明治時期開始成爲茶具專賣店。店內陳設包括抹茶、茶以及各茶道流派的風格都涉獵的商品，因而大受好評。

京都市下京区四条通河原町西

電話：075-221-2677

FAX：075-221-4864

URL：http://www.kyoto-wel.com/shop/S81466

第七章

半兵衛麩

日本人的飲食，
始於禮，忠於禮
透過飲食，
鍛鍊感謝與貼心的心意

玉置 半兵衛

麩的歷史

從中國傳來的麩

去中國學習生活樣貌並歸國的遣唐史，將麩的作法傳進日本。當時只是將稱爲碎麥米的小麥用石臼碾碎。將麵粉和水揉合，在水中清洗，就能分離出「小麥澱粉」與「小麥蛋白質」（麩質），由於磨麵粉的方法不一樣，所以和現今的麩有所不同，但麵粉中的「小麥蛋白質」是麩的原形這點絕對沒有改變。

從中國傳來的東西並不稱麩，而是被稱爲「麵筋」，而麵筋裡的「麵」字是麵粉之意。所以請以「麵筋」就是麵粉的筋肉來思考。筋肉是有彈性的東西，因爲從麵粉裡取得有彈性的東西，才會將這個東西取名爲「麵筋」。當時從中國傳回的只是麵筋取出的技術，接著便以或燙或炸或炒的方式來食用。

現今一方面使用的是名爲精白麵粉的小麥粉，不再使用石臼，可以做出比過去更光滑的成品。從這種

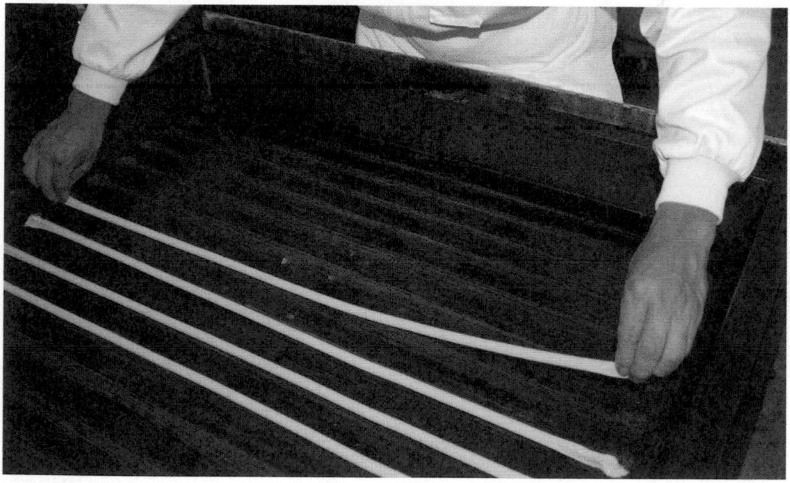

烤麩 釜工程

小麥粉中分離出的蛋白質加入糯米粉後蒸熟就是所謂的生麩。雖然像糯米餅一樣柔軟，但糯米餅軟了之後就會變硬。這變硬的糯米餅若不用火烤就不會變軟，而生麩雖然使用同樣的糯米製成，但由於蛋白質是主原料，所以即使冷卻也仍然很柔軟。此外，在蛋白質裡加入麵粉後，再放到大鐵板上蒸烤，就是所謂的烤麩。但並不是將生麩燒烤，因爲材料完全不一樣。

從茶菓子開始普及的麩

江戶時代之前，因爲耕種面積不大，所以麵粉價格極爲昂貴，一般庶民是以稗子、小米，還有即使土地貧瘠也能耕種的蕎麥爲食。雖然因爲僧侶的關係，麵粉已傳至日本，但以麵粉這種高級食材製作的麩，主要僅限於宮中或寺廟裡的人食用。當時，「麵筋」是在鐵板上平鋪燒烤，並放上松子、味噌，灑上味淋或些許甜味等做，成被稱爲「麩燒」的和菓子，做爲佛事或是泡茶時品嚐的點心。接著，這個「麩燒」最後便發展成烤麩。

據說這種點心深受千利休喜愛，天正年間，千利休舉辦的茶會百席中，出現了七十四次。此外，千利休二百五十回忌追悼茶會的茶會記裡，也曾記載著「利休喜歡的麩燒」這種和菓子與「麩」和「湯葉」一起使用。每次的茶會記都留有當家資料，展示在本店的資料室。

到了江戶時代，麩也因爲佛事和茶會逐漸普及至一般民衆的生活中，但演變成今日光滑的烤麩則是江戶時代末期的黑船來襲之後，精白麵粉傳入日本開始。因此，現在人們所食用潔白乾淨的麩，其歷史大約只有一百五十年左右。而我們店鋪擁有三百二十年的歷史，其中有將近二百年是以水車磨坊的石臼所碾的小麥所做成的。順道一提，從麵粉裡分離出蛋白質後剩下的就是小麥澱粉了，小麥澱粉可以當作裱書畫時的糨糊，或是大家穿的襯衫與洋裝上漿時所使用的漿。

※京都的麩發展※

有句話說：「京都有三寶，寺廟、女人、賀茂川。」這句話是江戶時代的作家瀧川馬琴，以類似採訪記者的身分，介紹各地的《羈旅漫錄》裡的一句話。即使馬琴在書裡也常寫些不這麼喜歡的事物，但也會寫些很棒的東西吧，其中提到的賀茂川，應該不是指河水，而是泛指京都境內的水。

爲了做出品質良好的麩，無論如何都需要京都水，而京都的地下水因爲是軟水，也非常適合烹調。此外，京都寺廟衆多，天皇御所也位於京都，對麩的需求也多。需求一多，製作機會便多，技術也不斷進化。因此，麩由於好水和職人技術的關係，就在京都孕育、發展起來。

談個題外話，京都對於不良品的流通非常厭惡，衆家職人們都會死命地鍛鍊自己的技術，不讓自己有被傳出出販售不良品的惡名。當時，從京都前往地方稱爲「下鄉」，而出口至地方的商品也只送出有品味的最良品。不良品不能下鄉，會當作「禁止運出品」，也就是說「不能運出的商品」，不能出口至地方上。此外，裝運出京的箱子裡，也同樣衍生出「無法裝運」或「沒有用的東西」之意；打破茶碗也衍生出「無能爲力」、「無可奈何」和「束手無策」等等用語。

相對於賺大錢之類的，我認爲珍惜驕傲與信用的心意是京都製造的基礎，也支持著各項發展。

飲食的禮儀和禮節

現在精進料理也使用了許多麩當食材。一般來說，精進料理大多數給人不使用魚肉、只使用蔬菜來烹調的印象，除此之外還有所謂的「五色五味五法」，精進料理就是這樣的料理型式。而五色是指「紅白黃青黑」五個顏色的食材；五味則是指「甜酸鹹辣苦」五種口味；五法則是「生烤蒸炸煮」五種烹調方式。舉例來說，只吃豆腐並不算是食用精進料理，現在就身體健康來說，醫生都會建議均衡飲食，但日本遠在江戶時代就已經培養出這種「五色五味五法」的料理方式。麩則以麵粉中的「白」擔任五色中的一角。

三種生麩

但是，只要一加入蓮藕就會變成青色；加入芝麻就會變成黑色。於是寺廟就會以這樣的思維，善加利用麩「五色五味五法」雖然是烹調的思考邏輯，但是在飲食上也可以善用。寺廟中有所謂的「五觀之偈[1]」的教誨，禪宗的修行僧侶在接受食物時，要在心中默唱五個反省和感謝的教誨，而第一個即爲「計功多少，量彼來處」。深切觀想人類眼前的食物都是大自然的恩惠，要經過種植食材的人、烹調料理的人、製作茶碗的人、砍柴薪的人等等的努力才產生，得來不易應懷感恩之心。其他四個教誨也是有關感恩食物的恩惠，要詳細說明的話可能要稍微花一點時間，在此就先行省略。我認爲這五個教誨是養成我們對飲食感謝之心的重要部分，我自己的店舖便有販售名爲「精進生麩禪」的商品。

飲食不僅僅是爲了維持人類生命，如果只是這樣，就叫吃飼料，不叫飲食。對於修行中的僧侶來說飲食也是修行，我希望讓各位可以意識到飲食也是一種重要的文化。

感謝父親的教誨

玉置家的系譜與來歷

我的祖先原是位於紀州熊野大社深處的「玉置神社」附近的豪族，調查族譜後發現可以追溯至神代時期。有從近衛家過繼玉置家的養子，也有平清盛的子孫逃亡至此，被納爲養子。因爲和天皇家族有親戚關係，所以委請親戚準備食物並不會被下毒，也因由親戚負責護衛工作，所以不用擔心會被行刺。天皇護衛與大膳的工作便成為玉置一家的工作。

初代先祖身居宮中的大膳寮，在烹調料理的過程中學會了製作麩的方法，當時麩已普及於京都的市町大衆之間，而使用這個技術在京都市町開始經營麩屋是距今三百二十年前的元祿二年（一六八九）。

據說初代先祖受命推廣商業，二代先祖將經商的工作委託妻子，成為三味線師傅。三代先祖三十郎眼見擔起經商重任的母親很辛苦，便更加勤奮經營麩屋。

當時，京都有個叫石田梅岩的人，勸誡人們的生活方式、生命的尊嚴與經商的重要性，被稱為「石門心」。三十郎成為梅岩的弟子，被賜與「宗心」之名，於是一邊經營商賈，一邊講道。此外，我看到祖先的牌位時，發現女兒多半命名為梅或岩，可見對師父的忠誠。也因此，當家的心學教誨便就此代代傳下，即使是說教誨，但也可以應用在日常生活中的各個層面，將符合當時時代的家訓與身教代代承襲下來。順道一提，多年前將這個教誨結集出版（《あんなぁようききや》京都新聞出版中心）。

深深影響我的父親的話

我出生於昭和九年（一九三四），在小學五年級的時候二次大戰結束，正值食慾旺盛的年紀。戰時，在小麥管制下，食材難以入手，而且鐵也都要捐獻出去，烹調烤麩用的鐵板以及燙生麩用的鐵鍋都全都要提供給國家，因此店舖的經營處於長久停業的狀態。

位於街上的小學校園全都用來種植白薯也不夠吃，當時也實施從學校到鄉下的集體疏散策略，所以當時可以說是只要有東西可以填飽肚子就好的艱困時代。而現在是想吃什麼就可以吃的時代呢。

在這樣的孩提時代，我曾聽過父親說過：「喝水之前，要知道掘井先人的辛苦。」這個教誨是指之所以能夠喝到，是因爲祖先辛苦掘井而來，所以要心懷感謝。我想食物的重要性，追根究柢來想這就是答案了吧。也跟禪宗的「五觀之偈」的意思相通。

此外，我曾被父親斥責吃魚的方式。「你是這隻魚犧牲自己的生命才能活下來的，魚吃完後骨肉四散是怎麼回事？你自己如果死了被放得亂七八糟的，也會生氣吧？魚也一樣，吃完後請將骨肉收拾在一處，料理屋都會在碟子上鋪上竹葉和松葉，用這些東西把剩下的魚骨蓋起來。」他總是像這樣教導我生活的方式、生命的尊重與商業的重要性。

「你知道家裡要最愼重打掃乾淨的地方是哪裡嗎？是廁所。人爲了生存是要各種動物犧牲才能存活下來，但動物不是爲了讓我們吃才活在世界上，動物也是爲了在世上留下自己的子孫才會產下自己的孩子，但是我們卻要殺害動物來吃。植物也是一樣的道理，在動物與植物看來這都是讓人生氣的事。但人類爲了自己的生存還是要吃他們，攝取營養之後，再把對我們沒有用的部分從體內以糞便的形式排出。而廁所就是丟棄這些我們不需要的東西之處，也就是動植物最後的歸所。你自己在死後，也會進行葬禮，讓和尚爲你念經祈福吧？動物又何嘗不想如此，所以你要抱持著廁所是我們吃下去的許多生命進行葬禮的地方，保持乾淨是很重要的。」上完廁所後請雙手合十說：

「非常感謝，失禮了。」可以持續這麼做的話，就能瞭解食物的恩惠，就會對動物、對人常懷體貼之心。領受動物的生命貢獻，也要口唸「開動了」，對於辛苦促成這個食物的成形，則是口唸「承蒙招待」來感謝衆人之力。我始終未曾忘記父親的這些教誨。父親告訴我時我只是單純地照做，但現在我更是深知這個教誨的重要性。

「即使是小魚乾或是小魚，每一條都是一個生命，所以在吃小魚乾時不時口唸感謝之意是不行的。」說得眞好呢。

從父親的教誨中可以看出養成對於周圍的人事物一份體貼之心的基礎，而這份體貼之心原來不就存在於日本人的根本之中嗎？

舉例來說，將玄關的鞋子擺放整齊，就是爲了別人或是自己在穿鞋時可以更方便，擺得亂七八糟的話，讓別人看到也會不好意思吧。這個情況也可以反映在工作上，在製作某種商品時，自己的工作告一段落要接著進行下一個工作時，也要讓對方可以好做事，把東西擺放整齊等等。要對工作有這份體貼之心。

飯不是飼料，要慎重飲食

食物是人類維繫生命的根源，正因爲如此，才能養成人們對食物常懷感謝與體貼之心，以及對食物與飲食的關心。也許因爲我們家歷代經營的是販售食物的事業，所以比起其他家庭對食物及飲食更爲重視。

有位知名的電影導演曾在電視節目上說：「不就是講些吃的東西的話題嗎？」我看了之後打電話到電視台去抗議：「你在這個月以來都沒有吃任何東西嗎？你知道吃東西是多麼重要的一件事嗎？」

不能輕視食物，因爲只是維持生命的就不是食物，而是飼料。人類吃的並不是飼料，而是食物。

飲食以「五色五味五法」來烹調，並懷著感謝心吃下去。此外，飲食也有其禮節，禮節是體貼一起進食人們的心意，但卻仍然有人不懂飲食禮儀。光是看一個人吃東西就能知道這個人的爲人，特別是吃日本料理時更是讓人一目瞭然。在社會上，也有許多企業在面試時不只要選擇頭腦好的人才，也會注重是否有具備體貼對方有禮節的人。

培養禮貌是很簡單的一件事。在家吃飯時不將筷子放在碗上，而是放在一旁，這樣的習慣，學校是不會教的。一定要在家中以身作則。

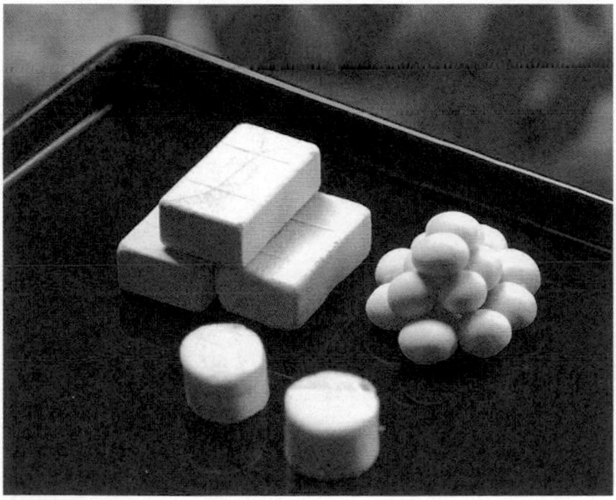

烤麩

飲食的重要性、對於可以自在地吃飯心懷感謝、對其他動物犧牲自己的性命成爲食物心懷感謝、珍惜吃下肚的東西、以身作則教導孩子們，我希望自己也能實踐這樣的觀念。

【摘自平成二十一年四月二十五日「漫談京都的生麩」】

玉置半兵衛 *TAMAOKI HANBEE*

一九三四年，生於京都府。一九五三年，襲名第十一代玉置半兵衛的名號。現在擔任協同組合全國製麩工業會理事長，獲頒文部教育賞。著有《あんなぁようききや》一書（京都新聞出版中心）。

半兵衛麩株式會社 *HANBEYFU*

一六八九年，擔任京都御所的大膳亮等伙食相關等職務的初代先祖學習到貴重食材「麩」的製作方式，在京都的市町創立名爲「萬屋半兵衛」的店舖。第三代先祖師承石田梅岩的思想「石門心學」，賜名「宗心」，自己也開課講道。

一九八五年創立「半兵衛麩株式會社」，直至今日仍然如創業以來般，講究食材並順應時代的變化發展麩，承繼加入丹精的傳統滋味，以第三代店主制訂的家訓「先義後利」爲基礎的代代心學教誨，承繼至今爲第十一代店主。

京都市東山区問屋町通五条下ル上人町 433

電話：075-525-0008（代表號）

FAX：075-531-0748

URL：http://www.hanbey.co.jp

第八章

松文商店

北山的風土與傳統技藝，
守護孕育
北山丸太的文化

吉村榮二

松文商店的由來

松文商店的由來

本社從事磨丸太[1]與銘木的買賣工作，創業於安政五年（一八五八），創業當時店面位於京都市北區的鷹峰光悅寺附近。從鷹峰穿過京見峠，路經杉坂，朝中川延續過去的街道就是山國道，也稱為長坂越，是丹波與京都之間最短的路徑。直至明治二十八年（一八九五）開通了現在的周山街道為止，這裡也是前往周山或若狹的其中一條主要道路。

鷹峰從江戶時代就是若狹和丹波地方的乾貨、木材與炭火等的物資集散地，馬匹馱著貨物，批發商店櫛比鱗次，從米、味噌、醬油等物品開始，還有食材、日用品以及衣物等商店也不少，據說還有條鯖魚道，捕撈自若狹灣的鯖魚用扁擔挑著，通宵趕路運至京都。

京都市西北二十公里處的中川自古以來就是林業盛行的土地，也是盛產北山丸太的地方。中川因為土地貧瘠、岩石多，所以不

迎賓館

以農業爲主，自然就發展起林業。鷹峰到中川約有六公里距離，國道一六二號北上，越過高雄，是到達北山杉林的最近路徑，沿著這條路旁還有留過中川的清瀧川。

在中川製成的北山丸太會由女性以頭頂著，通過國道，運往鷹峰。此外，這些女性連柴薪等燃料都用頭頂著運送，我的店舖也有販售這樣的柴薪。

從鷹峰轉移到現在的千本通是大正時代初期的事，周山街道（現在的國道一六二號）在明治三十五年（一九〇二）維修後開通了牛車道，所以女性再也無須將丸太頂在頭上運送，只要放置在牛車、大板車上運送即可。這樣一來，鷹峰的商店優勢盡失，在鷹峰建造商店的木材商也慢慢地轉移至其他便利的街道上了。

著手北山磨丸太販售

由於第二代先祖文次郎早逝，所以妻子峰一肩擔起經商重任，爲現在的松文奠下基礎。最初只是販售一般的木材，鋸下大型木材，再雇用善用木材的職人與刨木工，經營製材與販售的事業。然而因爲也想要從事磨丸太的販售，於是進行據點的開拓。

當時，由於鐵路發達，可以將丸太從二條車站運至東京，並且在汐留車站交貨，當時店裡的人就會通知東京的丸太商聚集，在車站內舉行丸太的展示與販售會。據說各店家的掌櫃們在東京來回穿梭，不知穿破幾雙草鞋地努力做生意。每次都能夠順利地把貨賣完，松文的名號便在東京順利地打響，日後放棄了買賣一般木材的生意，專攻北山丸太和銘木的買賣。

在東京販售松文的丸太起始於大正十二年（一九二三），那時發生關東大地震，賣出了大量的丸山丸太，當時並沒有貨櫃，只是以連車篷都沒有的無蓋貨車直接運送，雖然丸太會有所傷，但仍然可以賣到好價錢。

當時，店鋪是由我的祖父文次郎繼承第三代店主，而峰則在名古屋和岐阜等東海道地方開始著力事業。

木材可以利用鐵路運至東京，但當時的名古屋或鄰近地區還是只能利用大板車。也因爲道路狀況不佳，遇到爬不上坡的時候就要搬著丸太，先讓大板車自行上坡，到了晚上就要提著寫有松文字樣的燈籠步行。昭和初期就是這樣來配送。

戰時的松文商店

第二次世界大戰，松文停業，日本的勞力全都從軍到戰地去了，公司倉庫裡的建材也全都鋸了提供出去，幾乎沒有木材可販售。當時不能將木材販售給個人，幾乎都要上繳至軍隊，由於實施管制經濟，不只是米，連木材都是配給制。甚至連修繕的鐵釘都屬於貴重品，數量極少，物資拮据。可以說是連新造房屋、甚或房子的修繕都是非常困難的時代。

當時有個名爲「地方木材株式會社」的政府經營單位，松文商店是該單位的京都府配給所，祖父則擔任配給所的所長，做著幾乎無事可做的店掌櫃工作。

即便在那樣的管制經濟中，祖父也想辦法找出許多有趣的樂子，和朋友兩人共同買下位於千本三條西的紡織公司的土地，爲了建立木材店街而販售那一帶的土地給木材店，規劃以製造火柴的煉炭事業，並且加以販售。

戰爭復興必須的木材

戰爭一結束，京都最早開始恢復木材經營的就是松文，由於持續管制經濟，此時仍然無法對個人販售木材，因此與其他也從事木材批發與製材的企業一起成立「京都木材商工株式會社」。只是是開了店也沒有木材，即使要到山裡砍伐樹木運出來也沒有壯丁，因此無法生產木材。因此，當時一聽到颱風吹倒了比叡山的樹木就馬上購買，聽到哪裡有建築物倒塌就馬上趕過去請對方讓售木材，努力調貨。

等到世道穩定之後，京都的木材店就開始來賣木材了，北山丸太的生產體制也已開始運作，買賣逐漸上軌道。因爲戰爭而多數建築物燒毀的東京，許多人捧著大把鈔票來買木材，什麼木材都可以，特別是希望買丸太。

由於二次大戰結束後，京都的植物園也有聯合國軍隊進駐，爲了建造進駐軍將校的房子，需要丸太當成建築材料，店裡的銷售也日漸提升。

經營京都木材商工株式會社過了二、三年後，松文重新開業。重新開業當時，是由叔父和從業員一起砍伐前坂的樹木，再堆放至大板車上運至千本通的店面販售，當作經營店面的資金。京都躲過了戰火的摧殘，山林都完好如初，只要順利買入木材，丸太的販售量非常可觀。

家族合力支撐的松文商店

初代先祖創立的松文，在第二代打下基礎，將北山磨丸太的名氣擴展至全日本的是身為第三代店主的祖父。第三代的文次郎與身為第四代店主的父親，還有我兩位叔父負擔起松文的經營。特別是第四代店主和叔父們分工合作業務等工作，共同經營木材店。到了高度成長時期，由於經濟的成長，木材店的買賣也日趨穩定。現在，我的弟弟繼承第五代店主，一個人獨自打拚，我也希望致力於在全日本推廣北山丸太建築的日式建築。

北山丸太的採購

為了採購，必須前往生產地中川，據我祖母說，從鷹峰到中川，第一代和第二代店主是搭轎子往返。當時會雇用轎夫數人，中途完全不停下休息地趕路，是最快到達中川的方式。

據說第三代店主是騎摩托車，摩托車品牌是哈雷機車（harley-davidson），在當時的京都只有幾台而已，著實是貴重物品。

戰後，二叔父搭乘當時鐵道省營的巴士前往中

北山丸太的磨砂景致

川，因爲馬力不夠，出了高雄、在御經坂山頭前就要請乘客下車，據說有時候車子發不動時，乘客還得在車後面推車。到了昭和三十年左右就是搭乘貨車前往了。

做買賣時是人與人之間的交往，談生意時免不了要喝酒，祖父每次到中川談完生意後，都喝得醉茫茫地騎機車回家。叔父也是騎機車走積雪的道路回來，非常辛苦。由於當時還沒有酒駕這樣的詞彙，在雪地中喝醉酒騎車打滑的事故時有所聞。

根據我從叔父那裡聽來的戰後買賣狀況所知，中川幾乎都是老闆、老闆娘和兒子三人的家族經營式組合，叔父和祖父會將松文購買的丸太蓋梛頭的刻印，聽到這蓋上刻印聲音的中川丸太生產者們就會趕來，向祖父兜售自家的丸太，祖父這時會看過大家的丸太後再決定購買。

中川的人家和松文的關係一向友好，昭和四十八年時，透過中川方面的提案，叔父集合中川四十家左右的店家成立松文會這個敦睦組合，一年舉辦一次宴會或旅行。每次都會討論出各式各樣的企劃，還會請建築家來討論，或是觀看影片吸收建築新知，甚至請來往銀行的分行主管前來聊聊經濟局勢等等。談些日本的丸太需求，也有人提出希望的丸太製作需求。也因爲如此，我們和中川一直維持不錯的關係，買賣也進行得很順利。而松文會每年都會在丸太生產期之前的七月舉辦。

※ 北山磨丸太的種類 ※

北山磨丸太是昭和四十一年（一九六六）九月透過府民投票以二萬五千票被選爲「京都府

之木」。身爲輸出至全日本的京都名產，與清水燒和西陣織並列爲三大傳統產業，平成九年（一九九七）更獲選爲京都府傳統工藝品。

生產北山磨丸太需要特別的技術，事實上種類也不只一種。

「並丸太」是表面平滑，沒有任何皺摺或樹瘤。

還有一種稱爲「天然絞丸太」。所謂的「絞丸太」是指丸太的表面上有微妙的下凹皺摺，如果不去掉樹皮是無法分辨是否爲絞丸太，由於絞丸太可以賣到比並丸太更好的價錢，因此也出現人工製的絞丸太，稱爲人工絞丸太。是用類似製做免洗筷那樣的方式將樹木包捲起來，捲的部分會嵌入木材，就會形成漂亮的皺褶。

還有一種稱爲「天然出絞丸太」，所謂的出絞就是凸起，皺褶膨起，比「絞丸太」更貴重。因爲是某種樹木的畸形種，所以幾十萬棵只會有一棵，甚至只要出現一棵這樣的稀有樹木，中川的人們就會大肆慶祝。四百多年前建成的大德寺塔頭的黃梅院茶室就使用了非常漂亮的出絞丸太，這也是這樣的木材自古以來非常被珍視的證據。大德寺從西元一五〇〇年至一六〇〇年之間建立了大量的堂宇，由於靠近鷹峰，因而使用了爲數不少品質優良的丸太，也能製造出極爲相似的「出絞丸太」，開始販售起這種「人造變絞丸太」。

還有一種名爲「垂木」（椽木）的細丸太，是以「台杉仕立」的方法製成。從名爲「壓條」的樹幹垂直分枝法的一種北山獨特的育林法。據說中川有二百至三百年的台杉，而這種「垂木」因爲枝幹太細所以不能當成柱子，只能當作檐或是走廊裝飾用的垂木。

「檔鑄丸太」是像磨丸太一樣白，但沒有那麼光滑，丸太的表面上有許多皺摺和斑紋。製作「檔鑄丸太」時要讓檔木樹液溢出木肌，而且要在梅雨季製作。剝樹皮時，木肌因爲沾上了樹液，而出現類似鏽蝕的情況便稱之。「檔鑄丸太」在戰前，運輸時並不是頂在頭上，而是順著河川運出。在丹波黑田地方的廣河源一帶的河川組成木筏後順流而下，經過保津峽到了渡月橋附近撈上岸。一組木筏會有一百至一百五十棵丸太繫成，過去京都的木工稱以木筏形式運送下來的丸太爲「嵯峨丸太」。

丸太和板的表面會有工具的痕跡，這是一種名爲「名栗」的技法。是用手斧那樣的斧頭製造出來的效果。這種「龜甲名栗」正是祖先創造出來販售的木材技法，現在也經常在茶座或是日式建築中當作壁面的材料。

最後是「雜木」，這是以在秋天落葉後的闊葉樹木做成的，我想來談談關於其中包括名爲阿倍槇的椚樹（麻櫟）。這是一種到了秋天就會結成栗子果實的樹木，樹皮可以製成紅酒的軟木塞，木質柔軟，可以融入周圍自然景致中，桂離宮就使用了不少這種樹木。

北山丸太的獨特製作方式

北山丸太讓樹木非常集中地種植，這麼做的目的是要種出質地細密的堅硬良材，看年輪就知道非常地細密。

北山丸太的職人間流傳著一句話：「看父母的臉色娶媳婦」。意思是發現良木就要趕快插木種植的意思。北山的人們在幾百年前就已經想出了這個育種方式，並且親身實踐，不斷地改良品種，種植出現在的樹木。此外，製作丸太時，男性與女性也要分工負責。

男性的工作

苗床（新芽）是從四月至五月摘取，再到林場中插木，花兩年的時間培育，然後在山中植林。爲了去除樹節，就要修剪樹枝，所以北山丸太並沒有樹節。爲了製作出品質優良的丸太，要以進化的技術種植幼苗約五、六年，接著再花五年的時間修剪樹枝。隨著樹木的生長，修剪樹枝的地方也會隨之變高，是非常辛苦的工作，但熟練的師傅還是可以不費吹灰之力地徒手爬上去。依照每個人的工作狀況，有些人也會一大早就爬上樹，整個白天都沒下來，連餐點都在樹上吃飯糰，像是要特技一樣。

特別是年輪縝密的高級北杉山，要種植出可砍伐的好木材需要專門製造的技術，而這是北山獨門的種植方式，首先在正式砍伐前一年的秋天進行修枝時，只留下樹梢的前端，停止杉木的成長，拉緊樹皮。砍伐時期則端視探勘和長年的

經驗所決定。大致在八月至九月，爲了不被雨淋濕，要細心注意選擇砍伐的時間。砍伐後的樹木就在現場直接剝除樹皮。直立地直接剝除樹皮叫做「立剝」，剝除樹皮的樹木每十至二十棵就繫成一束，日曬約一週至十天就運出去。

女性的工作

男性在爲杉木在林場插上新芽的同時，女性除了在新芽的莖塗上紅土泥的作業外，還要負責被砍伐下來的裝飾垂木的剝皮作業。從七月到八月，會從台杉採伐垂木，採伐下來後直接留著樹葉日照乾燥，再以木製刮刀把樹皮取下。接著進行小剝的作業，取下採伐時乾掉的杉木澀皮，如果不取下澀皮，丸太的表面會形成紋路，所以可以使用獨特樣貌的木造刮刀來剝除樹皮。

現在，丸太爲了漂白會使用藥品，但過去是以打磨的方式處理。打磨的工作會從一月至三月最寒冷的時節進行，兩兩一組在充滿木砂的地方努力刷製丸太。打磨時使用的是採自菩提瀑布的石砂，因爲是黏土質地，所以不會傷及丸太的表面，也不會傷害做這個工作的女性的手。相傳有個和尚因爲生病受到村民的照顧，因而傳授這個技術當作謝禮，他教導大家以菩提之砂來鍛磨丸太，能磨出最漂亮的光澤。

接著就是運出去。在一六二號公路開通之前，是由女性列隊，兩棵兩棵地將丸太從中川運送經杉阪的村落，越過京見峠，最後到達鷹峰。另一條路線是從中川越過菩提瀑布，從坂尻通過千束，最後到達鷹峰。這兩條路線都是將丸太運出去，向木材店收取費用，再以這個費用添購白米和味噌等日常生活必需品，接著再將這些物資頂在頭上，回到山裡。將丸太頂在頭上運出山時，要先用裝了蕎麥殼或磨碎的米糠做成的枕頭放在頭上，然後在上面放置竹蒿做成甜甜圈形狀的輪子，如果是丸太的話就放兩棵，如果是垂木的話就放四棵到五棵，就這樣運出去。北山女性的服飾並不是像桂女[2]那樣的風格，而是適合在山裡步行的機能性風格。據說中川、眞弓、杉阪地區與大森、高雄地區有些許微妙的差異。這區的女性的工作褲、十字背帶、圍裙等十五組被當作出嫁時要帶進夫家的嫁妝，因爲各地的服裝都不一樣，所以這裡的女性嫁到任何一處村落都可以很清楚地辨別出來。

這樣的女性從過去就支撐著北山丸太的事業。

支撐日式建築的北山丸太

茶湯與北山丸太

北山磨丸太有六百年的歷史，生產的北山有其地理條件，且住在此地的人們在長年努力以及研究下，才集結出如此的技術結晶。利用在建築物方面當初僅止於京都，但是自從茶湯流行開始，變成爲數寄屋[3]建築的高級木材而普及開來，江戶時代中期開始，隨著茶湯的增加而廣及全國。

茶席並不僅限於室內，包括進行茶湯的包廂、建築物、庭院等全都統稱爲茶席，而其中的建築物也稱爲數寄屋。數寄屋是茶湯的世界所創造出來的特別建築物。過去的京都木工又分爲宮木工、町屋木工與數寄屋木工等三種專門的名稱。數寄屋木工則是專指茶道家主的茶席專門木工，而數寄屋建造則被要求使用自然的材料，江戶時代的茶湯普及一般民眾，因此數寄屋的建築技術也深入町家和寺院當中。這樣的結果導致用來建造數寄屋的北山丸太的需求大大提升。

戰前，在自宅舉辦茶席時都會請數寄屋木工來建造，但因爲蘆屋、寶塚與名古屋使用了數量可觀的北山丸太，即便在京都，西陣的老闆們也會在自家建茶室，東山的山麓利用數寄屋建築技術的建物也逐漸增多，如此一來，想要成爲數寄屋職人的人便蜂擁至京都學習這項技術，最後再回到各自的家鄉，運用這樣的技術與建建物，北山丸太也因而隨之擴及至日本全國。就這樣隨著飲茶文化的普及，北山丸太也在全日本開枝散葉。

當作「床柱」的重要寶物北山丸太

大正時代末期開始出現「銘木」的詞彙，意思是珍貴的木材，主要是只用在地板與茶席的木材。人們經常會聽到「東京和京都在雜煮裡放的糯米餅不一樣」的說法。京都爲了表示家族圓滿，希望全部都完滿無缺，因而在雜煮裡放進圓形的糯米餅，事實上，在床之間的床柱[4]選擇也是同樣道理。在京都等關西地區會直接使用丸太，而以東京開始的北關東則使用方形柱，這個差異是由於雅致的京都文化，以及以書院建造發展出來的武家文化不同的關係吧。

傳統的日式建築都有床之間，而北山丸太也會用在建造床之間上，其中最常使用的部分是床柱，而床柱中有凹凸圖樣的多半使用絞丸太。

使用松文商店的北山丸太所建造的歷史建物

後樂園（岡山縣）

江戶時代岡山藩主造訪後樂園時，使用了一處名爲延養亭的建築物，這座建築物是可將園內景物一覽無遺的最佳場所，但在第二次世界大戰中燒毀了，昭和三十五年（一九六〇）政府與山岡縣各出百分之五十的費用，依照原樣重建了這座建築，平房約有百坪之譜。延養亭是昭和天皇非常喜愛的一處建築，岡山行幸時甚至沒有住在旅館，而是住在延養亭中。

我的店舖接受來自岡山的建材訂購，將丸太送過去，建物周圍的屋檐部分便是使用北山丸太當作裝飾垂木。延養亭的御殿則是書院造的大名起居室。旁邊還有小隔間，據說昭和天皇在那裡放置床舖供休息之用。

鄰近延養亭有一間茶室。天井畫著龍，所以也被喚作龍之間。這個房間的床柱就是使用北山丸太的天然出絞。

二條城的清流園茶室（京都府）

昭和四十年（一九六五）因故聚集了石頭和庭木，建造出了二條城的清流園，這座庭園的西半部興建了一座二層樓的茶室，其一名爲和樂庵。這座茶室的資材也取自我們木材店。

京都府民大廳的茶室（京都府）

使用在京都製造的北山丸太，京都有引以爲豪的獨特傳統文化，以這樣的風格來建造建築物的概念，建造了京都府民大廳的茶室。建築材料使用的是北山丸太的最高級品，迴廊全都使用裝飾垂木，屋檐也全都使用北山丸太。小間茶室有四疊半台目[5]，床柱是赤松，相反側則是「档錆丸太」。手前座[6]的中柱則是使用帶皮的香節木，香節木尺寸一吋八分，非常細，京都的茶室中柱比棗樹還要細，地方上則是以二吋至二吋三分的稍粗尺寸較爲暢銷。從木工和泥水匠的角度來看，較細的中柱會造成牆壁塗抹的困難，對於工作比較會造成困擾。

如果茶室有小間[7]的話，床柱有凹下或彎曲的紋路（節）會比較受歡迎。這是爲了讓人坐在狹窄的茶室時，可以一眼就看到有紋路的床柱，太過乾淨的柱子因爲較爲單調，所以氣氛就會慢慢地變得無趣。數寄屋木工連這個細節都要計算到設計上，根據茶室的大小來決定建材的材質。這應該可以說是日本人體貼的心意吧。表現出這份心意的正是北山丸太，關於這樣的丸太，我由衷地感到驕傲。

【摘自平成二十一年二月二十五日「北山磨丸太教我的事」　講師：吉村俊子】

吉村 榮二 *YOSHIMURAEIJI*

一九五九年，生於京都府。

一九八二年，同志社大學畢業後，有兩年的時間在建材販售公司任職，接著進入松文商店工作。

二〇〇一年就任第五代社長至今。

松文商店有限會社
MATSUBUN SHOTEN

一八五八年創業，在現今的京都市北區鷹峰製造販售一般木材和北山磨丸太，經過百數十年的變遷，仍是守護家業傳統的老舖。

從造林到製造販售，松文商店以北山獨特的技法，慎重製造優良銘木，也投注心力在茶室的材料與銘木等製品的介紹，以及需求的促進上。

京都市上京區千本通上立売上ル花車町 487 番地

電話：075-463-0275

FAX：075-464-3584

URL：http://www.matubun.co.jp

第九章

村山造醋

不搶鏡，安分做個配角和京料理一起與時並進的調味料——醋

村山 中彥

自古以來深受大眾喜愛的調味料——醋

大家知道醋是何時問世的嗎？其實遠在人類出現在地球之前，就已經有類似醋的東西存在了。因爲人類出現前地球上就已經有植物與水果，果實熟透落地時沾附到野生的酵母菌，於是就先產生了類似酒的東西。而人類在狩獵途中偶然發現這種大自然的產物，拿來品嚐後非常驚喜，覺得自己找到了好東西。甚至想把這種東西帶回去好好儲存，等待下次狩獵豐收時，再和大夥兒一起分享。可是等到過了一、二個月眞的捕到獵物時再拿出來吃，卻發現它變得酸到無法入口。因爲不能吃了只好把儲存的東西全部丟掉，結果丟掉的東西出於偶然地沾到了肉類或穀物，讓肉類和穀物產生了前所未有的風味……。人類就是經由這樣的過程，學會將類似醋的東西應用在食物上。這也就是調味料的起源。

鹽是大自然的產物，但酒和醋則是人類運用智慧將其變成飲料與調味料，從很久以前就開始豐富人類的飲食生活。

放眼全世界，紀元前五〇〇〇年左右就已經有醋的存在。紀元前一二五〇年左右編纂的舊約聖經中就出現了代表醋的單字「essiggenus」。

村山造醋

拉丁語寫成「vinaigre」，英語則寫成「vinegar」，「aigre」就是酸的意思。酒發酸了之後就是醋。傳聞埃及豔后將眞珠浸泡在醋中飲用，可見得醋的歷史非常悠久。

相傳酒和醋的釀造方法，是四、五世紀日本應神天皇時期由中國傳入日本的。醋如其字所示，是由酒再加工製造而成。《萬葉集》[1]中有首和歌就提到「醤酢に蒜つき合てて鯛願う　我にな見えそ　なぎのあつもの」（鯛魚佐醬油醋拌蒜末　噎之以鼻　蓴菜羹湯），這首和歌的大意其實很簡單。醬就是醬油的原型，醬醋則是將醬油和醋調和在一起。簡單地說這首和歌的意思就是，我想在醬油醋中拌入蒜末享用高級的鯛魚生魚片，別給我端出便宜的「蓴菜羹湯」。也就是一首吟唱想吃高級鯛魚，不想要便宜羹湯的和歌。換言之在《萬葉集》的時代醋就已經存在了。

酒和醋的關係密切，有酒就可以釀醋。利用酒中的酒精成分和空氣來釀醋的微生物就是醋酸菌。每個人的家中都有醋酸菌。以前的人常說酒腐敗就會變成醋。所謂的酒腐敗就是因爲醋酸菌靠著酒精成分和空氣讓酒變成酸，而這也正是釀醋的製程。

日本自古以來就盛產稻米，並以米爲原料釀製日本酒，而醋就以日本酒爲原料而誕生，這也就是所謂的米醋；法國、義大利流行用紅酒爲原料釀製紅酒醋，德國、英國則盛行用麥芽釀製麥芽醋；美國則有以蘋果爲原料的蘋果醋。全球各地存在著各式各樣的酒類，這些有地區特色的酒類也造就出各地區不同風味的醋。

※村山造醋的沿革※

相傳本公司成立於一七二〇年左右，江戶幕府八代將軍德川吉宗的年代由備前國前往京都營商。據說當時主要的營業內容爲銷售酒、醬油、味噌等釀造品。

在德川吉宗享保年間之前是元祿時代。元祿時代宮崎友禪齋在京都發明了友禪染這項染布技藝，當時他就是運用醋來做爲定色劑。醋的原料來自伏見的酒廠中發酸腐敗或賣不出去的酒，宮崎友禪齋批來這些酒釀成醋後，用來做爲染布的定色劑。

聽說江戶時代後期京都有許多釀醋公司，但是現在京都只剩下九間，日本全國也僅剩一八〇間左右。聽起來好像還是有不少釀醋公司存在，但其實前五大公司的釀造量就占了近九成的產量。我們公司的釀造量也僅占全日本產量的〇・二%左右。

我是第十代經營者，自第五代經營者開始，轉型專門釀醋的事業。家父在大阪大學研究發酵科學。祖父過世時家父即將可升上助教授了，所以曾經打算放棄家業留在大學任教，但卻被公司的主力客戶叱責，最後還是選擇走上繼承家業的道路。

我出生於昭和二十二年（一九四七年），上大學時景氣非常好，連要去東京參加公司的求才說明會，都不用自己出錢，求才公司會全額支付交通費，和現在的情況完全不一樣。所以原本我打算大學畢業後就去當個上班族，不想繼承家業。不過家父察覺到我的這種想法，把自己繼承家業的來龍去脈告訴我，說服我改變心意。所以畢業後我先進入食品商社學習三年，之後就回家繼承家業至今。我的孩子原本好像也不打算繼承家業，還好他也改變心意願意留下來了。

醋的誕生

大致的釀製程序

首先要先洗米。我們公司使用的米是產自福井縣的「日本晴」品種。如果要釀製吟釀等級的日本酒，通常會使用米粒較大的米，但釀醋時則使用普通大小的米。

洗好米後要煮飯。要用非常大的蒸籠蒸米約四十至五十分鐘。

煮好的米飯放涼至約四十度左右後搬到被稱爲「室」的發酵室，然後在米飯上撒上酒麴以接種酒麴。撒好酒麴後用布包起來靜置六小時左右。

其次是地板揉製作業。這個作業是爲了破壞米的表面，讓接種的酒麴能順利進入米的內部。酒麴不能順利進入米的內部，米就不會溶化（糖化）。這個作

製麴

業必須在溫度三十度、濕度八十%的室內進行，所以非常辛苦。揉製完成後再用布包起來，靜置半天左右待其發酵。

接下來的作業就是要將結塊的米飯打散。將米飯打散平鋪在一塊塌塌米大的地板上，讓酒麴繁殖，繁殖約需要一天的時間。所以米飯蒸好後二天培麴糖化完成，成爲米麴。此時的米麴還略微潮濕，所以要暫時讓它乾燥一下。接著在米麴中加入水和新的米，放在小發酵槽內進行酒精發酵產生酒母。以酒母爲基底，再加入米麴、水以及蒸好的米飯，就進入正式發酵的製程，大約一個月左右即可得到製醋原料的酒液。然後在此酒液中加入含活醋酸菌的醋酸種菌。一般人使用的醋因爲經過殺菌處理，所以其中的醋酸菌都是死菌。

醋酸種菌加入醪液（酒）中，表面會生成白色皺皺的薄膜，這就是醋酸菌活動的菌膜。在醋酸菌膜下方產生醋酸發酵，醋酸菌利用酒中的酒精成分和氧氣，將原料酒液轉變成醋，最後發酵完成的醋液過濾後即成爲醋。以我們公司爲例，由酒到醋大約需要兩個月的時間。

以草蓆包覆保濕的發酵槽

兩種釀造法

我們公司使用表面發酵（靜置發酵）和全面發酵兩種釀造方法。

表面發酵法就是在發酵槽中加入酒液和醋酸種菌，醋酸種菌中的醋酸菌為了吸收空氣，會浮上表面，利用酒中的酒精成分和空氣進行發酵。一旦發酵成為醋，醋的比重比原本的溶液重，就會往下沉，然後尚未發酵的酒液就會往上，如此對流後所有的酒液逐漸變成醋。有些釀造廠會把醋酸菌膜直接移至下一個發酵桶，繼續發酵新的酒液，但我們公司會將發酵完成的醋液留下三分之一左右，再加入新的酒液，這麼一來剩下的菌種又會浮上表面繼續將酒液發酵成醋。一般蒲燒醬汁都是在原有的醬汁中再添加新的醬汁後繼續使用，我們公司的醋液發酵也採用相同的原理。

全面發酵法的原理和表面發酵一樣，會先將酒液和醋酸種菌放入發酵機中，邊用攪拌器攪拌邊送入空氣。送入的空氣會成為氣泡瀰漫在整個發酵槽內。就算醋酸種菌中的醋酸菌不浮上表面，也可以靠著發酵機內的空氣和酒精成分，將酒液變成醋酸。表面發酵法中空氣和酒各只有二分之一產生作用，但全面發酵法則是空氣、酒和醋酸菌能全面地發揮作用，所以以我們公司為例，發酵成醋酸的速度會快個二十天左右。

發酵完成的醋如果每一小時取出一百公升，就再等速加入等量的原料，如此即可連續釀醋，讓釀造變得更有效率。

※醋的分類與作用※

釀造醋

根據JAS（日本農林規格協會）的規定，大致可將醋分成「釀造醋」和「合成醋」兩大類。所謂「釀造醋」是指以穀類、果實、蔬菜、其他農產品、蜂蜜、酒精、糖類為原料，經醋酸發酵而成的液體調味料，且未使用冰醋酸或醋酸者。簡單來說就是以穀物或果實為原料，經醋酸菌發酵而成的醋，包含穀物醋、果實醋等。「合成醋」則是在石油或碳化物製成的冰醋酸或醋酸稀釋液中，加入砂糖類等所得之液體調味料，或前述液體中再加入釀造醋所得之液體調味料。所有的醋中「釀造醋」約占九十九％，「合成醋」不過一％。

穀物醋指的是一公升的醋在釀製過程中，使用四十公克以上的米、小麥、玉米等穀物者。原料比例會因釀造廠而不同，但使用較多米的穀物醋和使用較多小麥的穀物醋，其口味和香氣會因為原料比例而不同。此外如果一公升的醋釀製時使用四十公克以上的米，這種穀物醋則被分類為米醋。有的米醋釀製時使用高達兩百公克以上的米，但用了這麼多米，醋中自然就會有米的味道。原料使用量的多寡沒有絕對的好壞，完全是看個人喜好，也可以視料理來選擇搭配使用的醋。

果實醋指的是一公升的醋在釀製過程中，使用果汁三百公克以上者。以前的果實醋就是在一般的醋中加入果汁，但現在只有用果實釀酒，再用此酒液為原料來釀造的醋，才可以稱為果實醋。

最近流行的醪液醋，是利用沖繩泡盛蒸餾酒與燒酒在釀製過程中所產生的酒粕製成，其成分為檸檬酸。產品名稱中雖然用了「醋」這個字，但並非是醋酸菌發酵而成的產品，原本不能稱為醋，所以在標籤上特別註明為飲料。

醋的功效

醋可以促進胃液和唾液分泌，有助於促進食慾。炎炎夏季很容易食慾不振，食用含醋料理有助於開胃。

醋也具有殺菌、防腐的作用。夏天常常會發生食物中毒的意外。食物中毒大都是由金黃色葡萄球菌等引起，而這類細菌在醋裡面無法存活超過五分鐘。最近流行的大腸桿菌O157，經過大學的研究調查有了以下發現。煮兩杯白米飯用三十度保溫二十四小時。有加一匙醋的白米飯和沒有加醋的白米飯，大腸桿菌O157的含量竟然相差達一四○○倍。可見得醋的殺菌作用有多強大。除了殺菌作用外，醋還有防腐作用。過去沒有電子鍋的時代，煮好的米飯都只能放在菜櫥裡儲存，所以很多家庭煮飯時都會加入醋。

醋還有減鹽的效果。據說為了避免罹患生活習慣病，每天的鹽分攝取量要控制在十公克以下。此時原本用五公克鹽調味的食品，可以改用三公克鹽加上醋來調味。醋的風味可以彌補鹽分的不足，讓食物嚐起來一樣美味。這麼一來就可以減少使用兩公克的鹽。

醋還有助於消除疲勞。劇烈運動後體內會堆積乳酸，乳酸具有硬化蛋白質的作用。如果久久才爬一次山，回來一定會肌肉酸痛吧。這就是乳酸積堆積所造成的結果。以前足球選手或橄欖球選手會利用中場休息時間啃檸檬等，現在則是飲用運動飲料以預防乳酸堆積在體內。

※京料理與醋※

京料理的特徵

所謂京料理，是由各種文化融合而成的料理。

京都是有一二〇〇年歷史的王城所在地，在歷史變遷的過程中由貴族文化孕育出有職料理（宮廷料理）。此地也是茶道盛行之地，所以由茶道衍生出懷石料理。

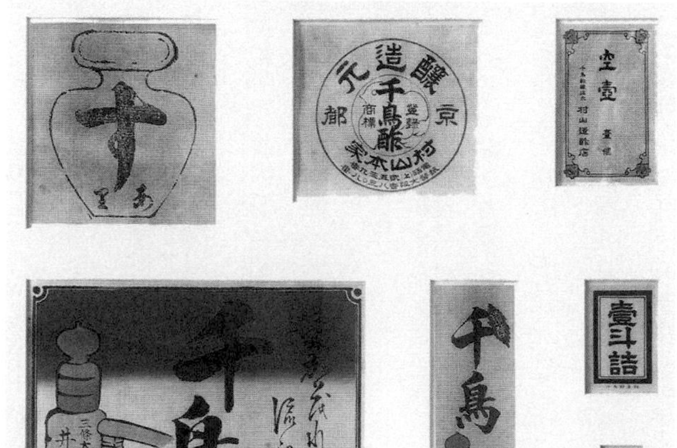

◎ 歷代標籤

再加上這裡也是佛教的中心，所以也很流行不使用生濁食物的精進料理（日式素食）。當然還有一般平民百姓家中的京都傳統家庭料理。

有職料理和懷石料理追求的不只是美味，還非常重視用餐的環境。所謂的用餐環境包含了用餐的場所、庭園、盛放料理的餐具等。西洋料理常常使用簡單的餐具一道一道上菜，但京料理對於餐具非常講究，用餐時還會欣賞庭園和床之間的景色，連掛軸字畫都不能隨便，要因爲季節流轉而需適時做更換。除了用餐之外，還以無微不至的用心體貼做爲用餐時的附加價值，這應該可說是京料理最大的特色吧。

京料理也是一種鄉土料理，現在使用傳統京野菜[2]的商店越來越多。過去京野菜的栽培曾經沒落過很長的一段時間，大約十年前京都料理組合[3]登高一呼，讓壬生菜、京水菜、聖護院蕪菁、白蘿蔔、鹿之谷南瓜、九條葱等重新問市，現在京野菜也是代表京都的蔬菜品牌。京野菜是在京都地區的土壤與氣候條件下所培育出的蔬菜。在原本就四季分明的日本中，京都的氣候甚爲特別，一天當中早晚和日正當中時就有極大的溫差。再加上農民們以工匠精神不斷地研究蔬菜栽培技術，這個地區所生產的蔬菜因此擁有特殊的風味和獨樹一格的口感。例如其他地區栽種的竹筍就是挖出竹林中長出的竹筍後，直接送至市場銷售；京都地區的作法就不太一樣，會先在竹林一帶鋪上落葉，只挖取略微冒出頭的竹筍，所以特別鮮嫩美味。

京野菜也有很多加工品，醃漬成漬物（醃漬食品）就是其一。一般的漬物就是用鹽醃漬以方便保存，但京都的柴漬則是將茄子與茗荷（蘘荷）以鹽醃漬後，再加入紫蘇延長保存時間。上賀茂的酸莖漬則是利用乳酸發酵的醃漬食品，風味獨特。

代表性的黃豆加工品則有豆腐，再經加工後即可製成油豆腐或雁擬[4]。當然還有名爲湯葉的生腐皮，但在鄉村地區有很多人不知道湯葉的料理方法。其他像是白味噌也是京都地區的加工食品，它的鹽分約爲赤味噌的一半。

小麥的加工食品則有生麩，簡單來說就是一種未油炸過的麵筋。鄉村地區很多人也不知該道生麩的料理方法，常有人用它來包紅豆泥，做成麩饅頭甜點。

此外，京都不臨海，離海還有一段距離，所以自古以來主要食用的鮮魚都是來自琵琶湖的淡水魚，例如鯉魚、暗色頜鬚鮈、香魚等，大多以鹽燒或做成鹹鹹甜甜的糖漬口味來享用。由琵琶湖到京都只要半天的時間，當時的供需都很暢旺。

海水魚則是會先用鹽醃漬後再運到京都來。京都代表性的美食之一就是鯖魚壽司，易腐爛的鯖魚利用鹽醃漬拉長保存期限後，由福井縣的小濱利用鯖魚道，經過大原、八瀨來到京都。而小鯛魚則是用有防腐作用的竹葉包好，由若狹與丹後地方利用周山街道運至京都。

江戶中期開始北前船將北海道的食材如昆布、鰊魚（鯡魚）等，由滋賀經由琵琶湖運至京都。運到京都的鰊魚是鰊魚干，用來做成鰊魚蕎麥麵享用；昆布則做成昆布高湯，成爲京都最具代表性的調味品。京都比較常使用利尻昆布。而柴魚由四國傳入京都，加入柴魚和昆布的高湯交織出絕妙的滋味。過去外國人好像不太能理解高湯的美味，不過最近外國人也逐漸了解到高湯是日本料理中不可或缺的存在。

鱧魚則由瀨戶內海傳至京都。鱧魚是生命力極強的魚種，據說經過長途跋涉來到京都的鱧魚，還有咬人的力氣。七月祇園祭常會食用熱水川燙後冰鎮的鱧魚或鱧魚壽司等。

京都位於內陸，所以常食用保存期限較長的食物。鄉村地區常會使用新鮮食材直接料理，但在京都一般會先想辦法延長保存時間，然後再料理食材。這是受到難以取得新鮮食材的大環境限制，所以只好運用智慧發揮創意，想方設法地延長食材的保存期間，最常使用的方法就是鹽漬或醋漬。這也表示醋在京料理中的地位十分重要。

此外，悠久歷史孕育而出的京都醋和京料理十分對味。現在的京都醋少有嗆鼻的味道，口味圓潤，特別能突顯出京料理重視食材原味的特色。然而京都的醋並不是一開始就有這樣的風味，而是在釀製的過程中不小心混入了野生的醋酸菌，因而造就出口味圓潤又不嗆鼻的醋。這種醋成為種醋，再經過歲月的淬鍊，造就出現今具備獨特風味的醋。在京料理中醋永遠是配角，不會搶走食材的風采，而其他的調味料也扮演相同的角色。

壽司與醋

壽司據說是在三世紀左右由中國傳入的食物。當時中國的壽司有兩種含意，一是用鹽醃漬的食物，一是米、粟、稗經乳酸發酵後的食物。不過傳到日本後就沒有這種區別了。

最早的壽司形式據說是將米飯塞入魚身，放置一段時間經過乳酸發酵後所形成的儲備糧食，類似現在滋賀縣的鮒魚（鯽魚）壽司。鮒魚壽司的作法是在三、四月間以鹽醃漬仁五郎鮒或源五郎鮒，到了六、七月再去除鮒魚上多餘的鹽分，將米飯塞入魚身。然後靜置一年待其熟成後，就會因爲乳酸發酵而形成獨特的風味。早期的這種壽司只食用魚肉，所以又稱爲熟壽司。

到了室町時代，這種壽司又被稱爲生熟或半熟壽司，而且也開始食用塞入魚身的米飯。這個時期醋也變成是一種可以單獨銷售的商品了。此時大阪附近開始流行箱壽司[5]和押壽司[6]，不過這兩種壽司都不是即做即食，而是做好後靜置三小時或十二小時後才食用，所以爲了方便保存，糖分據說非常高。

最後登場的是早壽司[7]、握壽司。江戶時代的文化、文政時期，約略是一八一〇年左右。當時一位名爲花屋與兵衛的小攤販，在江戶的自家攤位上剖開江戶灣的針魚（日本下鱵魚）等小魚後，放在米飯上銷售，據說就是這種壽司的起源。這就有如是古代版的速食一樣。這種壽司使用的醋稱爲粕醋。這種醋的原料是酒粕，也就是釀酒時的副產品。最早開始釀製粕醋的人，是愛知縣現今日本最大釀醋廠的祖先。這家釀醋廠原本是釀酒廠，爲了活用堆積如山的酒粕，而發明了粕醋。將酒粕密封貯藏二、三年，會增加其中內含的酒精成分和胺基酸等養分。顏色也會由純白變成紅色。把貯藏後的酒粕溶於熱水或冷水中，醋酸菌就會發揮作用而成爲粕醋。紅色的粕醋稱爲紅醋。現今因爲酒的產量年年遞減，而且又開發出以酵素溶解米的方法（融米），所以酒粕的產量變少了。紅醋的產量也隨之銳減，但東京一些很堅持古法的壽司店仍指定要使用紅醋。

就歷史的角度來看，大阪的箱壽司、押壽司歷史比關東的江戶壽司久遠。大阪用「鮓」這個字來表示壽司，而江戶則使用「鮨」這個字。至今東京的壽司公會仍使用「鮨」字，而大阪的公會則仍使用「鮓」字，至於京都則使用「壽司」。這些用字雖然沒有嚴格的定義區分，不過在壽司店中看到這些字，就可以看出店裡的師傅是在東京還是在大阪習藝的。

京都飲食文化的配角

現在所謂的鄉土料理越來越少見了。原因之一是因爲人的移動越來越容易方便，地區的飲食習慣和喜好也因此越來越多元化。在這種情況下食品廠就必須生產大家都喜愛的食品，以至於全國的食品都趨於一元化。京都的飲食文化具有長達一二〇〇年的歷史，即使想在其他地方銷售京都的食物，京都式調味也不見得能擄獲全國民衆的心。舉例來說，京都的千枚漬用了很多昆布，所以感覺會有點黏黏的，到了其他地方賣得就不如一般的淺漬好。這麼一來，具有地方文化特色的食物就有越來越少的趨勢。全國各地的食物口味均一，也因此減少了旅行的樂趣。爲了欣賞地方獨自的文化與食物，我們也不希望鄉土料理就此消失。特別是京都，原本就是具有豐富飲食文化的地區，絕對不應該讓悠久的文化就此斷絕。今後我們公司也將以京都飲食文化配角的角色，爲延續鄉土料理文化做出貢獻。

【摘自平成二十二年九月十五日「醋的佳話」】

村山 忠彥 *MURAYAMA TADAHIKO*

一九四七年生於京都府。一九七一年同志社大學畢業後進入株式會社小綱工作，一九七四年進入村山造醋。一九九七年就任代表取締役，成爲第十代經營者至今。目前也擔任公益社團法人京都府物產協會副會長。

村山造醋株式會社 *MURAYAMAZOUSU*

創立於一七一六～一七三六年（享保年間）。最早的產品爲酒、醋、醬油，因應醋的需求高漲，轉而成爲專業釀醋廠。商標「千鳥」的由來是源自古人作的詩歌「加茂川流清，千鳥群來棲」。「千鳥醋」則是經由京都一二〇〇年的飲食文化孕育而出，香醇的風味在日本全國都得到極高的評價。

京都市東山区三条通大橋東3町目2

電話：075-761-3151

FAX：075-751-9119

—— 第十章 ——

彩雲堂

希望有朝一日
自家的顏料，
能孕育出國寶

藤本 築男

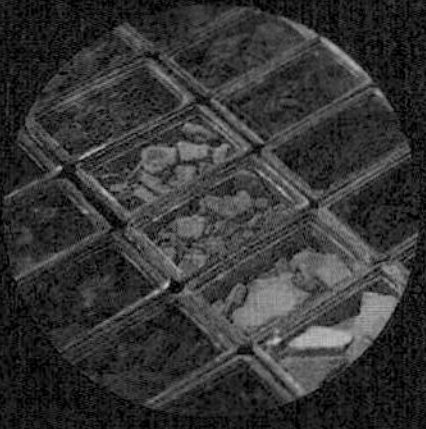

在日本畫近代化的過程中不曾缺席的老店

創業後成為顏料界的先驅

我們公司到底是在哪一年創立的，其實並不太清楚，只知道我是第四代經營者，現年六十五歲（平成二十二年，二〇一〇年時）。我想很可能是在明治初期成立的顏料店。彩雲堂一直到平成二十二年爲止都使用伊勢熊的商號，聽說最早是伊勢屋這家漆製品相關店家的人分家出來成立的。

讓我在此自吹自擂一下，明治三十年（一八九七）西洋畫畫家伊藤快彥曾在自己撰寫的文章中，提到本公司的顏料說它「絲毫不輸給進口顏料」。日本製造洋畫的材料是在明治初期，在這樣的時空背景下，能獲得當時的洋畫家如此好評，可見

泥畫顏料

得本公司當時可說是畫材店的先驅。

再加上第一代經營者出身漆製品相關店家，很早就已經開始大量接觸礦石等顏料的原料，所以由大正時代到昭和初期我們公司已經有二六〇色以上的顏色樣本。就算查找其他文獻、資料等，應該也找不到比我們公司色彩數更多的店家吧。在日本畫近代化的過程中，從不曾缺席，這也是我們極爲自豪之處。

彩雲堂名號的由來

我非常喜愛彩雲堂這個名號。聽說這是大畫家富岡鐵齋老師所命名的。那麼彩雲指的又是什麼呢？衆所周知光是沒有顏色的，然而光穿過稜鏡後就會出現顏色。以自然現象來比喻，就像是下雨後水蒸氣扮演稜鏡的角色，讓彩虹浮現天際的原理一樣。

彩雲指的是當雲通過太陽時，雲中的細微水蒸氣粒子發揮了稜鏡的功能，因而出現帶有七彩光輝的雲，是一種稀有的大自然現象。

活用在京都製造中的商品

在我們公司的客戶群中以職業及業餘的日本畫畫家居多，占了七、八成左右。其他二、三成則是無法歸類爲日本畫畫家的客戶。如果是一般的畫具店，這幾乎是不可能的事，但這就是京都與衆不同的地方，也是我們深感欣慰之處。

京都有許多傳統產業和傳統工藝。這些業者也會來本店尋找顏料、畫筆與日本畫的材料。例如和服工匠會在和服上作畫。作畫時用的是染料。以手描友禪[1]來說，型染時會使用特殊筆，但一般手繪時會使用日本畫的畫筆。染料本身清清如水，所以適合用來作畫的筆就是日本畫的水彩畫筆。有時工匠們也會使用顏料，運用部分著色的技巧上色作畫。當然畫和服圖樣草稿的畫師、設計圖樣的老師們，也是使用日本畫的顏料和畫筆來創作圖樣。

此外，在佛像、彫刻品上著色的人或者是人偶作家，也會在作品上先塗上白色的胡粉[2]，然後再畫上臉部五官。此時使用的畫筆和顏料，也和日本畫相同，能面[3]亦如是。

清水燒等陶磁器最後在上色繪圖時，據說也是使用日本畫的畫筆。只是如果是作品完成後再繪上圖樣時，就不會直接使用日本畫的畫筆，但如果是在寫生或是在考設計圖樣的階段時，就會使用日本畫的畫筆。當然，也有在團扇或扇子上作畫的畫師們成爲我們公司的顧客。

全家族齊心協力撐起的家傳祖業

我在二十歲出頭才開始協助店裡的工作。當時是二戰結束後不久，專業畫師很少，即使在戰前是專業畫師的人，也因爲靠作畫無法糊口而轉行成爲染色家或一般上班族。

因爲努力想延續日本畫傳統的人非常少，也因此公司經歷過一段非常慘澹的時期。當時店裡交給祖父和家母打理，家父則去當公務員，才有勉強得以糊口的收入。祖父和母親爲了極少數的主顧客咬牙繼續製造顏料，也將這項顏料製造技術傳授給我。

家父退休後也在店裡幫忙，不過仍然無法聘請太多的員工，現在公司也是靠家人的力量在支撐。爲了將日本畫顏料的傳統流傳後世，今後我們也會持續致力於確保材料的品質，並以傳統古法製造顏料。

我們以古法製造的顏料深獲顧客喜愛，而且用我們的顏料所描繪的作品將來還可能成爲國寶，身爲製造公司，沒有比這更令人雀躍的事了。

繪畫所產出的「顏色」

產生顏色的材料之一就是光，光穿透稜鏡，稜鏡才能變成肉眼可見的色彩。除此之外的是地球上被稱爲染料、顏料的色料，簡單來說，溶於水後會改變水色的是染料，不溶於水而會沉澱、不會改變水色的是顏料。

膠彩

染料又分成天然染料和化學染料。天然染料係萃取自動植物，化學染料則是以化學方式合成色素所製成的染料。

顏料則分成無機顏料和有機顏料。無機顏料指的是天然礦物或大自然中的石頭、土壤或新化合物等。代表性的無機顏料（礦物顏料）有群青、朱砂、赭黃、雲母、回青；人工製造的無機顏料則包含以水銀和硫磺製造的銀朱、由鉛提煉出的鉛白、來自銅的花綠青（孔雀綠），以及來自鐵的岱赭和紅殼（主要成分爲氧化鐵）等。順帶一提的是在京都，紅色爐格門被稱爲紅殼格子[4]，以前的音樂帶或錄影帶之所以呈茶色，正是因爲使用了紅殼顏料。有機顏料則是在天然染料如胭脂、藍中，或化學染料如茜素紅、靛藍、澀柿汁中，放入體質顏料（塡充顏料）凝固成形。天然的樹木或貝殼等也算是有機顏料。

以上是有關色料的大致分類，但實際上要將色料做成顏料，還必須讓這些色料能附著在物品上才行。簡單來說就是必須將色料黏到物品上。如果是染料，就是藉由讓色料滲入物品內以留住顏色。但要將不溶於水的礦物色料留在物品上，就一定要使用漿糊。而漿糊與色料調合出來的成品就被稱爲繪畫顏料。

有多少種繪畫顏料就有多少種繪畫技法

紀元前十世紀到十五世紀左右，有人在法國的拉斯科洞窟內畫上壁畫。據說壁畫中使用的顏色有「燃燒木材後所得的黑色」、「黑土（氧化錳）」、「黃土（氧化鐵和黏土）」、「偏茶色的土（氧化鐵）」、「偏紅色的土（氧化鐵）」等，顏色數量極爲有限。而且這些色料中全未加入漿糊，所以壁畫上幾乎所有的顏色都因爲自然風化而消失。碩果僅存的顏色，是因爲洞窟內的部分牆壁吸收了色料，色料滲入牆壁後而得以讓顏色留存至今。

這或許不過是偶然，但人類學會了利用滲透保留顏色的智慧，而孕育出最早的繪畫方式，亦即「在牆上作畫」的濕壁畫技巧。

要在牆上作畫，首先要在牆壁上塗濕灰泥，趁灰泥未乾時將溶於水的色料塗上去。這麼一來顏料就會滲透入灰泥，然後乾燥、附著。這樣繪畫就可以流傳後世，有點像是讓染料滲透至布料內的作法。這就是在沒有接著劑的時代所發明的繪畫流傳方法，而流傳的方法則與時俱進。

當繪畫不只要畫在牆壁上，而是可能要畫在各種物品上時，無論如何就必須要用上漿糊。因此在歐洲就發明出將色料溶於雞蛋中以定色的方法。雞蛋的確是具有黏性的物質，古代歐洲人利用這種黏性來接著物品。而這種作畫方式被稱爲蛋彩畫。

隨後又發展出以油調合色料，以在板上作畫的方法。油就扮演著漿糊的角色。然而油很不容易乾燥，所以就產生了一個大問題，也就是一旦上了一種顏色，想要再加上另一種顏色時，就必須等上好幾天。於是爲了縮短乾燥的時間，就加入一氧化鉛等氧化促進劑做爲乾燥劑。如此這般經過不斷改良進化，才有了現今的油畫顏料。

進入十六世紀後，發展出在色料中混入一種由樹木萃取出的樹脂，也就是一種橡膠的技法。今日水彩畫的顏料於焉誕生。這種橡膠也就是以前郵票使用的背膠，只要舔一下就恢復黏性，貼在信封上待乾後就可以黏住郵票和信封。

產生「顏色」的原料——色料

自然界中存在的礦石與金屬粉末

最早的顏色就像濕壁畫一樣，以炭或地面有的土壤顏色為主，顏色數量非常有限。

不過古代埃及和中國因為在紀元前就開始打造青銅器，具有由地面挖掘銅礦並精製的技術，同時也具有精煉出錫打造錫銅合金的技術，以今日的眼光來看，可說是有先進的化學技術。有了這種堅硬的金屬，就會開發出粉碎金屬的技術。應用這些技術粉碎堅硬的石頭或金屬，將其粉末和漿糊調合後即可製成繪畫顏料。

這些大自然的產物粉碎後的顏色雖然會比塊狀原料淺，但仍可呈現出漂亮的顏色。例如在東洋就有青金石，也就是日本稱為群青的石頭，可以呈現出極美的青色。著名的畫家如東山魁夷大師和平山郁夫大師等人都使用這種顏料，可說是最受亞洲人、特別是日本人歡迎，同時也是最昂貴的顏料。另外還有孔雀石可以化身為美麗的綠色。孔雀石本身極美，具有色彩濃淡的條狀花紋。朱砂（辰砂）的紅色則源自水銀的結晶。水銀具有不可思議的性質，既是固體也是液體，甚至也可以是氣體，是唯一具有這種性質的存在物。因為萃取出這些石頭或金屬，顏色數量因而增加，顏色也更加鮮明。

顏色的濃淡則取決於石粒的粗細。石粒越細顏色就越偏白，如果細到手指摸不出顆粒感就幾乎變成全白，不能做為色料使用。留下顆粒的狀態才能呈現顏色的濃淡。

化學製色

即使如此，光靠大自然的產物所能使用的顏色還是有限。而且好不容易製造出美麗的顏色，有時卻會隨著時間流逝而變黑。因此就開始使用化學製色的方法。舉例來說，紅色的辰砂和硫黃化合後就成為略帶黃色的「朱紅色」。這並不是單純的混色，而是經過化學作用融合兩種色料後，做出完全不同的東西。天然的本朱[5]也用在漆器上。另外也使用鉛或方鉛礦等石頭產生化學變化後，做出白色、橘色或黃色。方鉛礦如果只是敲碎，會呈現略帶灰色系的顏色而非白色，更別提要用方鉛礦呈現出黃色或朱紅色。這只能依賴化學的力量才能做到。

因為讓礦石產生化學變化而製造出新色，使得顏色數量突飛猛進。中國在紀元前就已經開始使用化學的力量，這些技巧也在很早的時候就傳入日本，所以在高松塚古墳的壁畫上就已經使用了鉛白等色。

以化學方式製造可成為色料的金屬

在歐洲則是以化學方法製造顏色的成分，使用沒有粒子只會留下顏色的東西和油融合，開始製造便宜且延展性佳的油畫顏料。

這種製色歷史非常悠久，用化學方法製造出許多石頭的成分。例如普魯士藍於一七〇四年誕生，鈷綠色則是一七八〇年問市，一八〇二年首見鈷藍色。其他還有一八一七年的鎘黃、一八二八年的群青藍、一九一〇年的鎘紅、一九一六年的鈦白……。不論是有機顏料或無機顏料，歐洲在很早以前已經在生產顏色的成分。這些產品在江戶時代傳入日本，也被應用在浮世繪版畫上。在柏林所生產的藍色就被稱爲柏林藍[6]，另外因爲德國古名普魯士，所以也有人稱之爲普魯士藍，也就是鋼筆所使用的藍色。這種化學生產的顏色，竟然在江戶時代就已經有人使用了，想想實在眞是有趣。江戶時代給人鎖國的印象，但事實上當時可是有各式各樣的外國物品傳入日本呢。

油畫顏料的保存——軟管

繪畫顏料就是色料和接著劑的混合物。爲了讓這種混合物更方便使用，化學技術需不斷演進，結果卻又卡在保存這一關上。

油畫顏料爲了加速乾燥，會加入氧化促進劑做爲乾燥劑，如一氧化鉛等。不過即使如此，一旦畫上後也不能立即再疊上另一層顏色，必須等一段時間待油畫顏料乾燥。可是油和色料已經混合好的油畫顏料靜置不久後，也會跟畫在板子上一樣乾掉，等到好不容易可以疊色了，調好的油畫顏料卻又不能用，所以必須有保存顏料的方法。因此就有人想出類似灌香腸的方法，把油畫顏料灌入羊腸中加以保存。這也就是現今軟管包裝的原型。

※日本的繪畫顏料※

最早的接著劑——漆

紀元前中國就已經發現漆的存在，並把漆當成漿糊來使用，混入色料後製成繪畫顏料。飛鳥時代的《玉蟲廚子》就是日本畫中使用漆的代表作。最有趣的是由這個作品中驗出了一氧化鉛。換言之《玉蟲廚子》中有一部分應用了油畫的技巧。過去在日本，一氧化鉛被稱爲密陀僧，使用密陀僧的畫作被稱爲密陀繪，可見得在這個時期日本已經有油畫的技巧，只可惜並未能流傳後世。

動物膠

隨著時代發展，畫作除了畫在板子上，也開始畫在布或紙上。因應這種發展，東洋開始以「動物膠」做爲漿糊。「動物膠」其實就是熬煮動物的皮骨後所取得的膠質。如果我們把熬煮過的魚放進冰箱冷藏，湯汁會結凍形成「魚湯凍」。大家可以想像一下把這種「魚湯凍」用來當成接著劑，就很容易了解動物膠所扮演的角色和功能。不過魚製成的「動物膠」接著力不強，所以在日本主要是使用動物，特別是鹿等動物製成的「動物膠」爲主流。

但是動物膠的一大缺點就是非常難以保存。首先，因爲它是水溶性而且易乾，所以一旦把色料和動物膠混合後，原則上就是要立刻用完。如有剩餘就會立刻在調色盤中乾掉。當然，畫作上的顏料也是乾燥後就會變硬。所以它其實是非常難以駕馭的一種繪畫顏料。這種繪畫顏料易乾的特色讓畫作能儘早完成，可以立刻再塗上一層顏色，但是剩餘的顏料則非常難以保存。而且動物膠很容易腐敗，所以必須在每次使用的時候再熬煮，然後混合色料立刻使用完畢。時至今日仍沒有保存這種繪畫顏料的良方。所以現今的日本畫畫家在創作時，必須在調色盤上調合必要量的動物膠液和色料，然後再塗在畫作上，如果調好的繪畫顏料不夠，就必須再重複一次相同的作業。

幾乎可永久保存的繪畫顏料——墨

墨可說是異類，雖然它用了動物膠，卻可以保存。墨的起源非常久遠，自古以來就是使用煤和動物膠混合硬化而成，使用時用硯台這項工具，把墨放在硯台上磨成液狀後使用。硯台就有如研磨器。也有一些墨是有顏色的。使用硯台讓墨可以在固體的狀態下使用，幾乎可永久保存的顏料可說就此誕生了。

箔

除此之外，金銀等金屬本身也可以成爲繪畫顏料。不過要把金屬塊磨成粉很難，所以在東洋就發展出先進的製箔技術。如果要當成貴金屬，當然是越厚重越好，可是做爲使用工具的箔，就要越薄才越能顯示出技術的高超。另外生產金泥等的商店，則利用箔加上高超的技術，生產出金泥、銀泥、白金泥等做爲繪畫顏料。

活用天然素材的各種工夫巧思

水彩畫顏料

明治初期創業者成功開發出不是墨的形狀，但可做爲繪畫顏料的水彩顏料。這種放在小碟上的繪畫顏料又稱爲膠彩，只要用畫筆和水溶化膠彩即可使用。

但是要使用膠彩有一些條件。膠彩之所以可以用畫筆沾水刷過表面即可溶解，是因爲動物膠的含量少。動物膠含量少也就表示在不易滲透的紙張上作畫時，接著力不足。所以使用膠彩必須使用滲透力好的紙張，利用紙張本身的吸力彌補動物膠用量少不易附著的缺點，讓膠彩能牢牢附著在紙張上。膠彩的原料種類繁多，所以調整動物膠用量的作業也非常困難。

動物膠的含量比膠彩多一點的繪畫顏料就是條狀顏料。這種顏料雖是固體，但卻不像墨條那麼硬。雖然可以在小碟上溶解，但又不像膠彩那麼稀，即使使用滲透力不佳的紙張也勉強可以附著。如果使用墨條，不論紙質如何，只要調得濃一些畫上去，紙張常常會收縮。動物膠的接著力強到這種程度，對於日本畫保存技法之一的加托與裝裱來說，反而是一種反效果。最合適的動物膠用量就是具有可承受加托與裝裱的接著力，又可少量層疊塗布的強度。

條狀顏料只有八成的顏料使用到動物膠，其餘二成則未使用。這是因爲原料本身可能就是含有接著力的樹液等，所以不需要再添加動物膠。

現在日本畫的繪畫顏料種類非常多。像膠彩或條狀顏料等水彩顏料，也常被用在水墨畫中。這些繪畫顏料都具有一點透明度。

事實上我們店裡已經有百年以上未曾生產黑色的繪畫顏料。因爲有墨條，所以不需要特別製作黑色顏料。但相對地就必須製作可以和墨搭配的顏色。

如果稀釋墨汁來作畫，塗上稀釋後的墨汁所呈現出來的黑色，是帶有透明度的，也就是具有半透明的效果。請想像一下在薄墨部分的下方塗上其他顏色的情況。如果把色彩塗在厚墨的下方，顏色會被墨黑色蓋掉，但如果塗在薄墨下方，顏色還是可以透出來，不會消失。同理可證，可以和墨搭配的水彩顏料，塗上時就必須有半透明的效果。要製作半透明的繪畫顏料，就必須把各種色料盡可能地磨碎，然後加水讓色料沉澱，取沉澱前浮在水中的細緻顏料，亦即取水溶液上方的清澈溶液，才能製作出半透明的繪畫顏料。沉澱在水溶液下方的是較重的粒子，取這些較重的粒子製作出的顏料就是不透明的繪畫顏料。

動物膠

泥畫顏料、岩彩畫顏料

接著說明泥畫顏料。泥畫顏料又稱為水干顏料或泥顏料，就是將天然礦石微粉碎後製成的顏料，或將這些顏料混色後所得的顏料。最典型的顏色就是黃土。這是偏白但帶點黃色的顏色，也是含鐵成分的黃色。把黃土微粉末加水調和，取水溶液上方粉末較細的清澈溶液，即可製成水彩顏料。

用手觸摸雖然摸不出有粒子的感覺，但如果使用沉澱在水溶液下方的粉末，製成的繪畫顏料就不具透明度，有遮蓋力，會蓋掉顏料下方的材質顏色。即使下方塗的是黑色，只要塗上黃土也會完全遮住黑色。用黃土製色時因為黃土內含少量鐵成分，所以也有燒烤製色的手法。燒烤前是偏白的顏色，但有些種類的黃土燒製後會偏茶色。光是把這些燒製後的黃土加以組合，就可以得出約二十種顏色，可增加顏色的種類。

岩彩畫顏料在古代也是粉碎礦石後製成，但大多數礦石如果變成很細的粉末，顏色就會變白，所以要留下微粗的粒子才能成為色料。因為內含微粗的顆粒，所以顏料本身非常不易塗抹。因為是靠粒狀色料覆蓋住底部材質顯色，所以附著後看起來到處都有空隙，也因為是粒狀色料，所以也無法用畫筆推展開來。這種岩彩畫顏料非常難以使用，但會來購買的顧客都很擅長使用這類型的顏料。岩彩畫顏料會賦予畫面厚重感。如果是近似寶石的石材，還會隨著光線穿透的方式不同而閃爍，呈現出非常美的顏色。最具代表性的就是之前介紹過的群青與孔雀綠。也有直接燒烤陶磁器使用的釉藥顏色，然後敲碎燒製成的硬塊後製成的人工顏料。因為釉藥經高溫燒烤，冷卻後會形成玻璃質，可以讓光線穿透或反射光線，就可以醞釀出類似天然岩彩畫顏料的風情。

岩彩畫顏料是將礦石粉碎到某種程度後，和水一起放入磨釉機中，邊旋轉邊繼續磨碎礦石。有時也會在磨釉機中加入金屬球或石球。

泥畫顏料則是用研缽將原料的色料混合研磨，然後倒入水依粒子大小分類精製，再晾在板上待其乾燥後，即形成小塊的板狀顏料。如果維持粉末的形態，粒子會過於細小，加入動物膠水時色料會浮在膠水上難以混合均勻。如果製成板狀，讓色板吸收動物膠水，只要用手指輕壓即可溶解。以前沖泡即溶咖啡時如果加入奶精粉，奶精粉很容易浮在咖啡上，或結塊無法溶解，現在的奶精粉則做成顆粒狀，很快就溶解了，二者的原理是一樣的。

水彩顏料的製造方法也一樣，只不過會再用揉碾機把動物膠徹底揉碾後，把濃稠狀態的顏料放在小碟中乾燥。動物膠具有黏性，我們會用揉碾機充分加以揉碾。

博大精深的繪畫——日本畫

歐美畫家應該沒有在油畫中應用水彩畫顏料作畫的經驗，反之亦然。水彩畫和油畫大多各踞山頭，互不交融。

然而二次大戰前日本畫的特徵之一，就是常常在同一個畫面中，同時使用了水彩畫、泥畫和岩彩畫等不同的繪畫顏料。畫中的某部分使用岩彩畫顏料著色，畫左側水的部分則塗上水彩顏料的藍色，其他部分又用墨畫上其他的景物等，同一張畫作中使用了各式各樣的繪畫顏料。甚至還有一部分貼上了金箔。因此日本有許多繪畫名稱：用墨描繪的墨畫、墨畫中同時應用了水彩顏料的水墨畫、書畫共存形式的作品則稱爲俳畫、非專業畫家所描繪的畫作則稱爲文人畫等……。畫作種類衆多，有僅使用單一繪畫顏料的作品，也有混合使用多種繪畫顏料來表現的手法等。只以墨來作畫也是日本畫的一種表現手法，例如長谷川等伯的《松林圖屛風》，不論在哪個時代都得到很高的評價。東山魁夷、平山郁夫以岩彩畫顏料繪製出厚重又粗獷風格的畫作，也是日本畫的一種。日本畫的範疇很廣。畫家們根據個人的感性，使用不同的繪畫顏料來表現，所以我認爲不需要去區分什麼是日本畫，什麼是墨畫，而是將它們全當成是日本畫來欣賞即可。

岩彩畫顏料

現在已經很少有人在家中掛上墨畫或水墨畫的卷軸了，可是有很多業餘人士會用水彩顏料，來享受自製賀年卡或寫圖畫信的樂趣。內含動物膠的泥畫和岩彩畫顏料，也不再是只有畫家才能使用的道具，我也看過一些文化中心等在使用。業餘人士樂於使用日本畫顏料，這對顏料商來說眞的是非常值得感謝的事。

曾有一段時期因爲日本畫的畫材難以駕馭，大家對它敬而遠之。隨著技術的發展，今後我們仍將致力生產讓男女老少都能樂在其中的繪畫顏料。

【摘自平成二十二年十二月十五日「京都繪畫顏料『京都文化與生活的色彩』」】

藤本築男 *FUJIMOTO TSUKIO*

一九四五年生於京都府。

一九六八年開始繼承祖業，是第四任社長。

彩雲堂 *SAIUNDO*

以百年來的古法製造並銷售水墨畫材料及日本畫材料。

京都市中京区姉小路通麩屋町東入姉大東町 552

電話／ FAX：075-221-2464

—第十一章—

本家尾張屋本店

從點心店變蕎麥屋 京都名水所孕育的傳統庶民風味

稲岡 傳左衛門

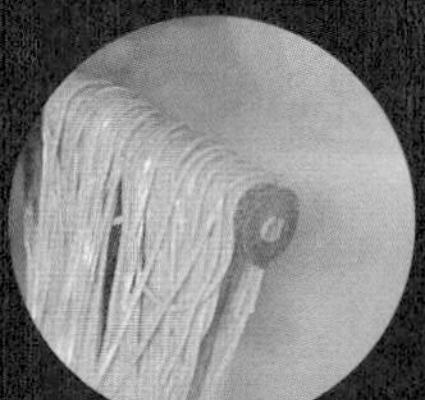

蕎麥文化的形成

「蕎麥」自古被視為開運吉祥物

「蕎麥」可說是隨處可見的代表性食物。由江戶時代開始，蕎麥就廣受日本人愛戴至今，可說是庶民的口味。我想大家一定都有這樣的經驗：在炎熱的夏季裡吸著滑順的竹籠蕎麥麵，在酷寒的冬季裡則搭配溫熱的高湯來享用。

一說到「蕎麥」，很多人可能直覺就會想到年越蕎麥麵（跨年蕎麥麵）。但是大家知道年底爲什麼要吃蕎麥麵嗎？

關於晦日蕎麥[1]的典故，有很多不同的說法。最常聽到的說法是因爲蕎麥形狀細長，正是祈求長壽與家族繁榮的象徵。其他還有各種說法，例如對江戶時代的生意人來說，每個月的晦日（月底）是收款日，總是忙得不可開交，因而養成習慣在晦日當天食用站著就可以吃的

本家尾張屋本店

蕎麥麵，流傳至今只剩下在大晦日（除夕夜）吃蕎麥麵。另有一說是因爲蕎麥麵容易咬斷，正是祈求砍斷今年一年的辛勞或債務，以免帶到新的一年的象徵。還有一說是鎌倉時代博多地區鬧饑荒，年底承天寺的僧侶們烤「蕎麥餅」分送給平民百姓食用，並爲其取名爲「改革的蕎麥」等，後面將再詳述。

不過我個人比較相信的是蕎麥可以帶來金銀財寶的說法。大約從室町時代開始，金箔工匠爲了收集日常作業時四處飛散的金屑，會到處灑蕎麥粉，然後掃起來，再過篩取出四散的金箔屑。因此蕎麥被視爲能夠將寶物（金子）收集起來的「開運吉祥物」，年底吃蕎麥的風俗也逐漸深入民間。對蕎麥業界來說，這幾乎已經是大家公認的看法，蕎麥甚至因此而有「寶來」的別名，亦即寶藏會來（寶來無窮）。

本店也有一項商品名爲「寶來蕎麥」，取開運吉祥之意，是尾張屋的獨家料理。這是家父開發的料理，使用京都名店象彥精心設計的京漆器，在京都製的器皿內裝盛碎米餅裹的炸天婦羅、碎米餅裹炸蝦、細切蛋皮、甜辣煮香菇，還有一定要有的山葵、辣味蘿蔔泥等八種佐料，並在五層層疊的漆器內，分別裝入少量的蕎麥麵後，一起端到顧客面前。你可以在蕎麥麵上放上喜歡的佐料，再淋上高湯後食用。有機會歡迎大家前來品嚐。

據說日本是在四五〇年左右開始栽種蕎麥。根據《日本後記》的記載，養老六年（七七二）時元正天皇頒下「勸農詔」，將蕎麥納入栽培名單，以做爲飢荒時的儲備糧食，相信當時蕎麥栽種應該已經相當普及。

那麼一開始又是如何食用蕎麥的呢？過去和現在的食用方法不同，應該是用熱水或冷水將蕎麥粉揉成麵團後，製成橢圓形的「蕎麥麵疙瘩」，再以醬油或味噌調味後食用。最近在《京都新聞》上有一篇報導指出，三十三間堂附近的法住寺裡還保存著親鸞聖人吃著蕎麥的木刻雕像。

進入鎌倉、室町時期，現代的蕎麥原型「蕎麥麵條」終於問世。據說是到中國修行的禪僧將製造點心和麵類的技術帶回日本，開始在寺廟裡自己製作來吃。至於說到讓蕎麥技術明顯發展的人物，則首推建立東福寺的禪僧聖一國師。聖一國師在一二〇〇年代時，將水車小屋式製粉機的製圖由宋朝帶回日本，從此之後製粉技術就開始急速發達，蕎麥也得以普及。從宋朝歸國的聖一國師在建立東福寺之前，曾在博多建立承天寺，並且在當地傳教說法。當時，正值九州北部一帶發生大規模的飢荒，他因此在該年年末時將蕎麥餅以「改革的蕎麥」之名發送給平民百姓。當時的蕎麥餅好像是將「蕎麥麵疙瘩」捏成扁圓形，然後在火堆上燒烤。聽說第二年就開始大豐收，也因此成為大年夜吃晦日蕎麥的起源之一。

也就是說，透過禪僧的傳教活動，蕎麥、烏龍麵逐漸普及到全日本，成為百姓日常食物之一。

江戶時代蕎麥普及到全日本

進入江戶時期，「蕎麥麵條」開始普及到全日本。如同俗話所說，講到京都大阪就想到烏龍麵，講到江戶就想到蕎麥麵一樣，大阪的蕎麥店並不多。其實因為烏龍麵的製作方式比蕎麥麵簡單，所以在江戶初期時，一般店家是賣烏龍麵兼賣蕎麥麵。蕎麥麵在江戶普及應該有兩個原因。第一是因爲蕎麥粉和麵粉的價差將近一倍。從文政元年（一八一八）大阪三井兌幣行的帳簿上，也可以看出麵粉的價格比蕎麥粉貴了將近一倍。大阪和京都有錢人很多，所以用麵粉當原料的高價烏龍麵也可以賣得很好，但是江戶是發展中的城市，所以使用較廉價的蕎麥粉製作蕎麥麵成爲主流。第二個原因是原料產地的問題。小麥多採收於四國和中國地方，關東不易栽種成功。相對而言，關東附近的信州或東北地區都盛產蕎麥，收穫量也多。從流通的觀點來看，與其從關西將麵粉運到關東，不如從信州運蕎麥到江戶，這樣又快又省力。也許是在這種背景因素的影響之下，自然而然地江戶地區的蕎麥製作技術就逐漸提升，也有許多人深入研究。到了江戶後期時，據說江戶地區每一町都有一間蕎麥店，整個江戶總共約有三千間蕎麥店。

當時不像現在有居酒屋或是公衆聚集的場所，所以蕎麥屋就成爲民衆聚會的地點了。當到了下午三、四點結束一天的工作之後，大家習慣會聚到蕎麥屋，邊喝日本酒邊品嚐下酒菜，最後再以蕎麥麵作爲結果。

✕ 京都的蕎麥 ✕

點心業者做蕎麥料理

京都人當然也喜歡烏龍麵，然而因爲京都是寺社佛閣聚集之地，對於蕎麥也很熟悉和喜愛。因爲寺社佛閣舉行大法會時，通常都會製作蕎麥麵分送居民。大規模的法會時寺廟無法自製足夠的蕎麥麵，就會將這項工作外包，而通常接單的商家都是點心業者。也許是因爲製作蕎麥麵的作業，要用蕎麥粉加水揉麵後再桿平切割，和製作點心的流程有諸多重複的部分吧。以製作羊羹名聞遐邇的「虎屋」就留存有相關紀錄，包括慶安四年（一六五一）製作蕎麥奉獻給天皇御所、元祿十年（一六九七）受靈元天皇委託製作蕎麥，作爲京極家公子加冠成人禮的賀禮，奉獻至仙洞御所等等。

個人淺見認爲也許本店正是日本現存最古老的蕎麥店。我曾經遍尋各式各樣的文獻，當中少有蕎麥的相關紀錄。其中僅有的幾件紀錄中，最古老的是天正二年（一五七四）位於長野縣木曾郡須原地區的定勝寺爲了慶祝某寺廟修復完工，而以蕎麥麵爲賀禮。然而在那之前二五〇年，京都地區的禪寺就曾經在新建築落成的慶典上分送蕎麥麵，當時的蕎麥麵是由京都的點心業者製作。由此可見一四六五年創業的尾張屋極有可能是日本最古老的蕎麥店。只可惜沒有證據來證明此事……。

京都的水創造美味的蕎麥麵

京都生產的蕎麥麵特別稱爲「京蕎麥」，我認爲這是全日本最美味的蕎麥麵。但是要製作京蕎麥，京都的好水的是不可或缺的原料。

京都四面環山，比叡山、東山、北山等山脈峰峰相連。

山區的雨水滲入土壤，蓄積在有如木碗型水甕的京都盆地的地下水層。在這個過程中雨水穿透過石礫土砂的間隙，轉變爲富含礦物質成分的好水。京都地底的地下水含量與琵琶湖的湖水量不相上下，最深處約有八百公尺左右，地下水層的底部爲岩盤，不用擔心地下水外漏。根據大學教授們的調查顯示，平安時代的京都人只要挖三公尺深的井，就可以享用地下水。昭和二十年代左右，京都人用幫浦抽取地底五到七公尺深的地下水，現今則挖到五十公尺深取水。地下水是大自然的產物，每日自然地進行，因此這應該是可以永續使用的無限資源。

京都的水是軟水。據說水的水質越軟，就越能充分襯托出食材的原始風味。你也可以在家做個小實驗，準備兩杯威士忌加水，一杯加的是軟水的礦泉水，另一杯加屬於硬水的愛維養礦泉水，然後喝喝看，應該立刻就可以了解差異所在。

加入軟水的威士忌可以喝得到威士忌原本的風味。但加入屬於硬水的愛維養礦泉水，就比較無法感受到威士忌原本的風味。

大家常說用京都的井水來做京料理最合適。不過一般的京都井水，其實也有五十到六十度的硬度，越往上游走井水的硬度越低，位於中京區的本店所使用的井水，則是四十到五十度之間的超軟水。

不過使用井水必須先加氯殺菌，以符合衛生機關的規範。然而井水殺菌所需的氯遠少於自來水，而且本店除了先加氯殺菌，還會在要使用井水前再以麥飯石淨水裝置過濾，以去除水中的氯。當然即使沒有經過除氯的程序，井水本身也已經夠軟了，顧客在家中也可以放心使用。

地下水的特徵是水溫穩定少變化。因為京都的水夏涼冬溫，冬天料理時溫度容易上升，有助於節省火力，可說非常環保。

京都的井水即節能又能發揮食物的風味。建議如果有機會，請在家裡試著改用井水看看。本店的錦富小路分店裡有一個出水龍頭，只要顧客自備寶特瓶來店，就可以免費將店裡的井水帶回家去。井水是日常生活中唾手可得又有益健康的寶物。

※健康食品「蕎麥」※

富含營養成分的健康食品「蕎麥」

蕎麥是蓼科蕎麥屬的一年生植物，主要可供食用的部位是種子。即使是貧瘠的土壤、涼冷的氣候或水分稀少的乾燥地帶，都可以栽種蕎麥，因此從繩文時代開始就是人類的食物之一。

蕎麥富含蛋白質、食物纖維、礦物質和維生素，被認為是高營養的健康食品。蕎麥內含的高品質蛋白質的含量媲美牛奶，其特徵是人體吸收率較低，不會造成身體的負擔。蕎麥也內含豐富的植物纖維，營養師建議每天應攝取植物纖維二十公克，其實只要吃一碗蕎麥麵就能攝取到五公克。再者，蕎麥麵和烏龍麵不同，揉麵時不需加入鹽，所以是低鹽、低GI食品[2]，適合推薦給糖尿病患者食用。除此之外，除了鎂、銅、鐵、鋅、錳、鉀等礦物質，蕎麥也富含多酚類和多種維他命。特別是含大量的維他命B_1與B_6等，其中別名維他命P的蘆丁（Rutin）具有擴張微血管的作用，可降低血壓，也具有預防高血壓的效果。

我想光看這些成分就可以了解蕎麥是健康食品，以我的個人經驗來說，蕎麥可能還可以預防新陳代謝症候群。我現年六十五歲（二〇一一年時），體重六十公斤，體脂肪率十五％左右，這三十五年來體重幾乎都沒變過。不管吃多少，體重變動都在一公斤之內。長褲腰圍也維持在七十八到八十公分之間，現在流行的新陳代謝症候群跟我完全沒有關係。當然，這個前提是你吃的是眞正的蕎麥麵。車站裡的立食蕎麥麵（無座位僅供站著食用）、便利商店的蕎麥麵或是市售的乾麵，使用的是中國生產的廉價蕎麥粉，而且製麵時的蕎麥粉和麵粉比率也大多是蕎麥粉三成，麵粉七成。甚至還有很多廠商爲了拉長麵的保存期限，還會在揉麵過程中摻鹽。相較之下，本店使用的蕎麥粉是北海道音威子府的契作黑蕎麥，製麵的原料混合比率蕎麥粉最少七成以上，麵粉三成以下。雖說蕎麥本身就是健康食品，但若不是信譽可靠的蕎麥店，恐怕也很難實際體會到它的健康效果。

◎ 蕎麥麵疙瘩

在此補充一點實用小知識，其實蕎麥的成分大多是水溶性，煮麵時成分會融入水中。所以喝蕎麥湯（亦即煮蕎麥麵的水）實在是非常合理的食用習慣。但請注意高湯內含醬油，建議顧客在少量高湯內加入蕎麥湯稀釋後飲用。

對食材選擇的執著

〈蕎麥粉〉

日本的蕎麥粉需求量中，七十五%由中國進口，小部分由北美進口，日本國產的蕎麥僅占二十三%。國產蕎麥六十%以上來自北海道，其餘則來自九州、福井、信州、東北等地。然而，若僅靠國內市場流通的國產蕎麥粉，單一地區的蕎麥粉實在不足以供應本店一整年的黑蕎麥使用量。所以為了取得品質較佳且供應穩定的蕎麥粉，本店從平成二十二年（二〇一〇）起開始和農民簽約契作生產。

音威子府村擁有日本最北端的蕎麥田，位於日本最大的蕎麥產地北海道十勝平原之北。當地有八戶農家在「JA遙遠北端」農會組織下栽種蕎麥，本店和這些農家締結了每年約三十二公噸的契作合約。現在應該也只有本店可以光靠一家店的力量，消化如此大量的蕎麥。在這塊土地上蕎麥的產量十分穩定，蕎麥花在八月上旬盛開，九月上旬到中旬則進入蕎麥的收成期。收割後會先將蕎麥的果實連殼保存一年。音威子府是每年積雪深達五公尺的豪雪地帶，本店請契作農家將蕎麥倉庫設置在剷雪後的雪堆棄置區，靠著大自然的力量維持一定的溫度和濕度。換句話說等於是儲藏在天然的冰窖中。因為當地每年到七月上旬還有殘雪，等於不用花錢就可以儲藏優質蕎麥。本店也建立高效率的生產管理系統，在需要的時候才將所需分量的蕎麥送到京都，由製粉業者在嚴格的溫度管理下，將需要的分量磨粉後送到個別店家。拜此管理系統所賜，我們得以使用品質優良的蕎麥粉做為原料。在此之前我們都是透過北海道的ＪＡ體系（農會組織）或是蕎麥粉的掮客來購買蕎麥果實，或是讓製粉業者透過產地的盤商來採購蕎麥果實。過去和現在所使用的蕎麥粉實在是地差地別。使用品質安定的高級蕎麥粉和京都好水所製成的蕎麥麵，再用井水煮過之後就能得到麵芯彈牙、麵身滑嫩的美味蕎麥麵了。

〈高湯〉

高湯決定料理的風味，特別是京都的顧客對於高湯更是注重。首先，要煮出好吃的高湯必定要有美味的水。水一定要使用京都的地下水。以前因為高島屋分店無法使用井水，在百貨公司改裝時本店曾經考慮直接關閉該分店。所幸在高島屋的大力支援下得以將井水直接送到七樓的廚房，高島屋分店才能繼續營業。另外本店在四條通的地下商店街也有分店，因為無法抽取地下水使用，所以每天早上都從本店搬運新鮮現煮的高湯到該分店使用。

談到高湯的製法，我們是以昆布和鯖魚、脂眼鯡、宗太鰹魚所製成的混合柴魚片來熬煮高湯。首先用小火慢燉利尻昆布熬煮昆布高湯。熬煮昆布高湯時，最重要的就是不能讓湯汁沸騰。從常溫開始熬煮昆布，當水溫上升到七十度左右時，昆布的精華已經充分釋放，此時就要取出昆布並加入柴魚片。接著用文火熬煮柴魚片二十五到三十分鐘，淬取出柴魚的鮮美風味。最後用布過濾高湯，再加入砂糖與薄口醬油來調味，就成為淋在熱蕎麥麵上的高湯「掛出汁（Kakedashi）」。

將壺底醬油、濃口醬油和味醂一起熬煮一週以上成爲「返汁（Kaeshi）」，再倒入儲藏在地下的陶壺內靜置。在前述的「掛出汁」中加入「返汁」，加熱之後就成爲了涼麵用的沾醬「竹籠出汁（Zarudashi）」。將「返汁」靜置一段時間是爲了讓所有原料的風味自然融合。光是製作高湯就必須如此費盡心力。告訴大家一件小趣事，大約五年前醬油大廠龜甲萬株式會社曾經檢查過全日本的蕎麥店家所使用的「掛出汁」濃度，本店的高湯雖然看來顏色跟氣味都偏淡，但是因爲濃縮各種魚類精華與昆布在內，高湯的濃度（鮮味）反而得到第一名的好評。

堅持提供平民美味料理

本店的蕎麥麵並非手工揉製，而是以機器揉製。爲什麼不用手工揉麵呢？因爲手工揉麵不可能大量製麵。就算是資深的蕎麥麵師傅，一天也只能手工揉製一百人份、至多兩百人份的麵而已。但是，我認爲蕎麥麵應該是上班族的午餐，也就是說應該是一般人能夠輕鬆隨意享用的餐點，爲了壓低價格讓更多人享用好吃的蕎麥麵，所以我們採用機器製麵。因爲是機器製麵，一天能夠產製一千人份的蕎麥麵，所以可以以量制價。當然，市面上很多蕎麥店都是手工製麵。手工揉麵和機器揉麵之間最主要的差別，在於麵的硬度，也就是加水量。手工揉麵水量可以加到五十%，但是若是機器揉麵，水量最多也只能加到四十%到四五%左右。所以手工揉製的蕎麥麵只要一分鐘左右即可煮好，但本店使用的蕎麥麵則需要花兩分半鐘才行。只是我個人覺得兩種麵煮好後，口感上並沒有太大的差異。人各有志，有些師傅堅持手工製麵，而本店的宗旨就是以薄利多銷的想法，持續提供大家都滿意的美味蕎麥麵。

本店當然也有能力提供手工製麵的服務。每年十二月四日的「討入之日[3]」和二月三日的節分，本店都提供手工蕎麥麵，三月起錦富小路分店也開始提供手工蕎麥麵。如果顧客有需求，本店也樂意提供手工蕎麥麵的外燴服務。另外京都高島屋每年二月會舉辦「京都美食展」，在活動現場會有手工揉麵展演，由本店與京都的「蕎生二八會」會員商店每日輪流派師傅在顧客面前現場揉麵，讓顧客現場品嚐。

希望大家能了解本店之所以採用機器製麵，一方面是基於成本效益的考量，但更重要的是希望蕎麥麵能成爲平價美食，讓一般大眾都能經常享用。

對商品的執著

最後我希望傳授享用一碗蕎麥麵的訣竅給大家。

優質的蕎麥會帶有一種甜香，建議顧客以竹籠蕎麥麵的方式品嚐原味。特別是隆冬時期的鷹峰辣蘿蔔竹籠蕎麥麵，以富含鮮味的辣蘿蔔泥爲佐料，能夠更襯托出蕎麥麵的美味。不過只有少數的農家種植這種品種的辣蘿蔔，數量稀少，市面上很難看到。所以本店直接和農家簽約，確保農家能提供本店所需的數量。

本店除了固定常見菜色外，也會推出季節性商品，不只致力於提供符合京都的料理口味，更講究商品的視覺美感。例如冬季的固定季節料理就是鴨肉竹籠蕎麥麵、南蠻鴨肉蕎麥麵。錦富小路分店則有鴨肉蕎麥鍋，請先品嚐內含雞肉丸子、粟麩[4]、白菜、九條蔥、豆腐的火鍋，最後再加入剛煮好的蕎麥麵。三月時你可以享用到天婦羅竹籠蕎麥麵或天婦羅蕎麥湯麵，天婦羅中包含白肉魚天婦羅和金時紅蘿蔔炸物。四月時會推出以白筍爲主角的天婦羅竹籠蕎麥麵或天婦羅蕎麥湯麵，也會有海帶芽和竹筍的熱蕎麥麵。四月到十一月正是京野菜最美味的時期，請品嚐用蕎麥高湯醬油稍稍醃漬過的茄子、小黃瓜與茗荷，搭配著竹籠蕎麥麵的高湯一起食用。

為了研發本地的特產料理，本店曾經從包含高級割烹料理店在內的京都料理店菜單研究到外帶熟食店的菜色。當然也曾經到東京的蕎麥店見習，結果發現兩地的蕎麥店有很大的差異。東京的蕎麥店裡，不分白天晚上都有很多顧客來享用料理。因爲江戶時期的蕎麥文化影響根深蒂固，晚上的顧客多半邊喝酒邊吃小菜，最後以蕎麥麵做爲結尾。當我們聽說東京蕎麥店的晚間營業額比白天還多時，也曾經想過「如果去東京開蕎麥店，一定會賺錢吧」，只是考慮到高湯的口味差

寶來蕎麥

異，實在沒有展店到東京的動力。不過我反而希望京都的顧客也能夠在晚間享用美味的蕎麥麵，所以努力在自家分店中推出口味不輸東京的各式菜餚。以高湯蛋捲爲例，京都的高湯蛋捲絕對比東京的煎蛋捲美味。鰊魚蕎麥麵的鰊魚肉也是絕佳的下酒菜。以前大家提到蕎麥店的下酒菜，就一定會想到傳統的「蕎麥麵疙瘩」，本店的作法是在接單後才煮，然後請顧客趁熱沾著山葵醬油品嚐。本店也有烤海苔。烤海苔的擺盤也經過精心設計，在桐木箱內放入炭火，炭火上放上海苔，於是顧客一打開桐木箱蓋就會飄出海苔的香味，品嚐海苔的同時也能聞到海苔的香氣，完全是一道色香味俱全的美食，這也是本店烤海苔的特色。本店也備有蕎麥味噌，在味噌中加入七味粉、黑七味粉、味醂和酒，和著蕎麥粉一起加熱攪拌而成，這也是東京蕎麥店的常見料理。冬天搭配蘿蔔條，夏天則搭配小黃瓜條，是一道美味的下酒小菜。

正因爲京都人沒有夜間享用蕎麥麵的習慣，所以更希望今後各位能夠在晚間光臨本店，探訪前所未見的蕎麥店新風貌。尾張屋的目標正是「讓東京式瀟灑轉變成京都式瀟灑」。誠摯邀請您一邊享用下酒菜，一邊指挾著伊萬里的蕎麥豬口杯來啜飲京都的地酒、燒酒，最後再以蕎麥麵作結尾，結束饗宴。

【摘自平成二十三年二月十六日「蕎麥與京都」】

稻岡 傳左衛門 *INAOKA DENZAEMON*

一九四五年生於京都府。
一九六八年同志社大學畢業後先進入株式會社木村屋總本店服務，一九七〇年進入本家尾張屋服務。
一九九四年繼承師名成爲第十五代稻岡傳左衛門，就任取締役社長迄今。現爲京蕎麥二八會會長。

本家尾張屋株式會社 *HONKE OWARIYA*

一四六五年由尾張國（現在的愛知縣）赴京都發展，原爲點心店。爲了配合時代脈動，第一代稻岡傳左衛門（歿於一七〇二年八月）不僅製作點心，更於江戶時代中期開始經營蕎麥事業。江戶時期曾擔任御用蕎麥司（宮內廳用品承辦商），爲寺廟與宮廷提供蕎麥麵。目前在京都有四家店，用精心選擇的上好原料與京都好水來持續守護傳統風味。
另外，第十五代稻岡傳左衛門也曾受宮內廳邀請，前往天皇御所現煮蕎麥麵，上呈給天皇陛下與皇后陛下品嚐。店裡也販售自古相承的蕎麥點心。
京都市中京区車屋町通二条下る
電話：0120-17-3446
FAX：075-221-6081
URL: http://www.honke-owariya.co.jp/

第十二章

上七軒 大文字

從普通女孩蛻變為舞妓。
對花街傳統與大和文化的
堅持造就出美麗的女性

今井 貴美子

京都之花——花街

京都五處花街之一——上七軒

京都擁有五處花街。有人會把「花街」念成「Hanamachi」，但正確的念法其實是「Kagai」。幾年前島原也有舉辦歌舞會，那時包含島原在內有六處花街，現在僅剩祇園甲部、祇園東、先斗町、宮川町、上七軒五處。

說到花街就會想到藝妓、舞妓。說到藝妓、舞妓，最出名的就是祇園．先斗町，上七軒的知名度相對並不高。祇園．先斗町之所以全國知名，是因爲室町時代的大老闆們大多選在祇園．先斗町招待地方的和服商家。祇園更因爲在明治維新時與勤皇志士們有著深厚的緣分，因此新政府成立後，透過政府要員聯繫東京方面，使其知名度擴展到全國。

然而據說在五處花街中，最古老的茶屋其實起源於上七軒。室町幕府八代將軍足利義政修築北野天滿

宮時，用剩餘的建材修建了七間茶屋，這也就是上七軒的起源。隨著時代進展，到了豐臣秀吉舉辦北野大茶會之際，聽說豐臣秀吉因緣際會來到此地，對於店家端出烤醬油丸子的美味大爲激賞，就授予這些店家「烤醬油丸子專賣權」、「公家茶屋營業特權」，這就是現存茶屋的原型。換言之，上七軒是唯一從室町時代流傳至今的花街。

花街中不可或缺的舞蹈

祇園甲部有「都舞」，先斗町有「鴨川舞」。另外宮川町有「京舞」，祇園東有「祇園舞」，上七町有「北野舞」。花街的舞蹈都是在各自的歌舞練習場裡舉辦。各舞蹈共通的特徵是在舞蹈表演前，會先請顧客到立式茶席裡喝杯抹茶，用過點心後，將點心盤帶回家留念。茶會的茶道流派固定是裏千家，茶會後才請顧客移駕到會場欣賞舞蹈。

「北野舞」不同於「都舞」、「京舞」，但和「鴨川舞」略有相似之處。第一部曲是舞蹈劇，第二部曲則爲純舞蹈。

第一屆「北野舞」是在昭和二十七年（一九五二）時，爲紀念北野天滿宮一〇五〇年祭而舉行。上七軒本身雖然歷史悠久，但是舞蹈表演的歷史相較於其他花街略顯年輕。以前的會場是明治後期興建的歌舞練習場，這座建築物內沒有冷暖氣設備，也不具耐震結構。今年（二〇〇九年）開始整修，預計明年（二〇一〇）三月修繕完成。以前「北野舞」是四月十五日開始舉辦，但是修繕後冷暖氣設備完善，就可以從三月二十五日開始舉辦，和第一屆時一樣。

在此竭誠歡迎大家蒞臨參觀。

西陣的大老闆們造就出上七軒的繁榮

上七軒西側為北野天滿宮，東側則是知名熟織產地西陣。當時西陣的大老闆們常常會讓藝妓、舞妓繫上自家店裡的西陣織和服腰帶，然後在上七軒的花街招待室町的大盤商。昔日西陣地區極為繁華，上七軒的常客大老闆們不僅財力十分雄厚，也精通書畫、骨董、歌舞伎等文化藝術。他們不只有欣賞美術品和歌舞藝術的品味和慧眼，還有著一張直言不諱的嘴巴，不好就會直接說「不好」，而且他們只要看一眼藝妓、舞妓腰間繫的腰帶就知道產地，甚至會品頭論足一番。換言之不論是服裝或歌舞技藝，藝妓、舞妓必須不斷地精益求精。也因此上七軒一直享有歌舞藝之鄉的美名。不過因為以前只有京都人會在上七軒招待京都當地的貴賓，因此未能成為全國知名的地方，時至今日，甚至連京都人都不見得知道上七軒，令人十分遺憾。不過為了不負歌舞藝之鄉的美名，並將此盛名傳承給下一代，我們會盡全力鍛鍊與琢磨自己的歌舞藝術，這一點我們很有信心可以達成。

舞妓與藝妓

置屋是讓藝妓、舞妓共同生活起居，並接受茶屋委託送藝妓、舞妓去表演的商家。目前上七軒已經沒有專營置屋的商家，所有的茶屋都兼營置屋，舞妓在此生活起居。

常有人詢問舞妓的年齡問題。過去六年義務教育的年代，有些女孩從十二歲就開始從事舞妓工作，但現在義務教育已延伸到國中，因此必須要等到國中畢業才能夠進入這一行。基本上舞妓是模仿江戶時代女孩的姿態，因此從業人員必須是小孩子，當舞者無法演出女孩的姿態時，就要進級成爲藝妓。所以如果是身形高大、面容成熟的女孩，大多只能當舞妓到十九歲，而身形嬌小、娃娃臉的女孩，舞妓生涯則可以延到二十二或二十三歲。年齡上限方面並沒有一定的規則，就依照茶屋的規矩來決定女孩換衣襟成爲藝妓的時期。

要成爲舞妓有一個條件，就是頭髮要長到可以結成髮髻。不論舞技多麼高超，只要不符合這個條件就無法成爲舞妓。此外舞妓穿著的和服，即使是日常生活穿著的和服也都有肩折[1]，並繫上打好結後長度足以垂地的腰帶。這種在背後低垂的裝飾腰帶是一般腰帶的一點五倍長。一般腰帶只有表面有美麗圖案，舞妓的裝飾腰帶則是雙面都有，所以一條裝飾腰帶使用的布量和裝飾的圖案量，等於是三條一般腰帶。而且腰帶後方會繡上舞妓所隸屬的置屋家徽。若要分辨眼前的舞妓是剛出道或是資深舞妓，只要看衣襟即可。光是舞妓的衣襟，費用就相當於一件高級和服。舞妓的衣襟都是紅色縮緬布，以手工刺繡裝飾，不過剛出道的舞妓衣襟上刺繡圖案較少，可以看到許多布面原本的紅色。資深舞妓爲了讓自己看起來更成熟，會用白色等各色刺繡繡滿衣襟，幾乎看不到紅色布面。另外每月都會更換的髮簪也有華麗與樸素之分。甚至和服也有肩部有沒有裝飾圖案之別。這一點點細節的差異，就可以打造出舞妓的不同風情，這正是和服厲害的地方。

不過我對於現在觀光客裝扮成舞妓行走在街頭巷尾的現象，感到有些困擾。觀光客要體驗舞妓的服飾是觀光客的自由，但是如果戴上舞妓的假髮前往各個觀光景點，可能很多不懂眞正舞妓文化的人，會誤把觀光客當成是眞正的舞妓……。

舞妓換衣襟之後就正式成爲藝妓。成爲藝妓象徵著長大成人，因此肩上不再保留肩折，黑色帶家徽的禮服改成袖長較短的黑留袖，只在衣襬裝飾圖案。換衣襟成爲藝妓之後，背後的腰帶也會繫成太鼓結。東京的藝妓腰帶採用背後平坦的柳帶結，但是京都的藝妓腰帶一定使用太鼓結。

我與大文字

本店沿革

二次大戰前後上七軒地區約有三十間左右的茶屋，但是目前僅剩十間茶屋，藝妓、舞妓的人數也不到三十人。

本店的商號爲「大文字」，傳到我手上已經是第五代，在第四任店主時遷移到上七軒。未遷到上七軒前，本店是位於大津的花街，曾經在上柴屋町、下柴屋町、眞町各地的花街做生意。聽說「大文字」的商號是仿效富豪商人大文字屋福助而命名的。

第一任店主是曾祖母的父親。第二代、第三代都

是親戚的伯母們，到了昭和十五年（一九四〇），祖母選擇在上七軒重建「大文字」。家母對經營茶屋沒有好感，嫁到西陣之後在那裡生下我。我是由西陣父系的祖父母、上七軒母系的曾祖母、祖母和祖母的妹妹等五位老人家照顧長大。不過因爲童年時期常常在上七軒的祖母家度過，祖母好像因此才考慮讓我繼承本店。

其實一開始我完全沒有打算繼承祖業。茶屋這個行業看起來有明訂的營業時間，可是事實上幾乎必須二十四小時待命。我原本不想從事這種隨時都可能有顧客上門的工作。但是在三十歲左右我終於遇到一個契機，讓我重新思考什麼是茶屋事業。

何謂茶屋

一般人眼中的茶屋，大概是顧客光臨時會端出酒菜，請顧客欣賞藝妓、舞妓的舞蹈表演，還可以和藝妓、舞妓互動玩遊戲的地方。可是如果茶屋只是這樣的地方，和一般料理店就沒什麼兩樣了。茶屋和一般料理店最大的不同，在於除了餐飲之外，還可以接受顧客的商量和請託。其中之一就是代墊制度。顧客在茶屋介紹的料理店、小酒店裡的所有消費，都由茶屋先行墊付。茶屋會將墊付的費用再加上茶屋的使用費，一併向顧客請款。茶屋「不接陌生客」的傳統，就是因爲這種代墊制度必須建立在相信客戶的基礎上，所以是一種必要的措施。以前面所提的例子來說，如果某個顧客不付款，茶屋就會請該客戶的介紹人支付。

以前只要是熟客介紹的顧客，茶屋會提供包含料理、伴手禮、甚至是第二天觀光要使用的車子在內的全面服務。有些人還會一大早送顧客到京都車站，直到顧客上車離開。

因爲茶屋提供如此全面貼心的服務，京都當地企業應該都有一兩間常去的茶屋。當企業想舉辦宴會時，有時茶屋甚至會提供哪間飯店比較好、表演哪種慶賀舞蹈比較好、又該準備哪種伴手禮等諮詢服務。然而出於業界的潛規則，每家公司在一處花街內只能有一家御用茶屋，這種茶屋又被稱爲宿坊。由這個潛規則可以清楚了解到當茶屋照顧客戶的所有需求時，客戶也賦予茶屋全方位信任，而茶屋也爲了回報客戶的信任而盡其所能。這樣的關係在其他行業都不存在。現代人與人的關係日趨淡薄，依靠人情成立的事業方式更形可貴，爲了不讓這種茶屋傳統流失，我才下定決心由祖母手中接下本店。

⋙ 在具體呈現日本文化的花街才能看到的講究 ⋘

講究「四季」，堅持「眞品」

對「四季」的講究和「眞品」的堅持，在這個業界是非常重要的事情。雖說茶道或料理的世界原本就有這樣的堅持，但是衣食住行全面都講究「四季」和堅持「眞品」，這是花街的核心想法，完全可說是日本文化的縮小版。

特別是藝妓、舞妓更是無所不講究。堅持用自己的眞髮來結髮髻，是一個好的堅持例子。一旦把頭髮梳成髮髻之後，大約一整個星期都不會解開，自然也不能好好地躺下休息。晚上就寢時就取下髮簪，枕著高枕睡覺。放假時會解開髮髻，梳成一般女孩子的髮型，可是除此之外都要綁成美美的髮髻，所以就算是出門散步都必須要穿著和服，才不至落人笑柄。不過梳起髮髻穿著和服會讓一個人的舉手投足都變美麗，而且因為走在路上很醒目，所以自己也會努力琢磨自己來吸引他人的目光。因為她們連好好休息都很難，所以也會磨練出堅忍不拔的個性。

其實，如果一個人在精神層面和物質生活沒有餘裕，就無法堅持講究。我認為特意講究「眞品」，不僅是行有餘裕的展現，更是豐富生活的一種手段。支持花街舞妓文化的只是一群普通女孩，只要穿上西洋服飾幾乎沒人可以看出她們的舞妓身分。舞妓的美正是因為堅持傳統方式生活所淬鍊而出的。我希望大家能瞭解這一點。

對於裝扮的講究

舞妓的和服和腰帶等服裝儀容，依月份有不同的嚴格規定。

正月穿著有家徽的紋付和服，這款服飾有內外兩層，兩層都是內鋪綿，裙擺有鋪綿的滾邊設計。這款服飾可以穿到三月為止。到了四月，脫掉裡面那一件鋪綿的內衣，變成只穿一層鋪綿且衣擺有鋪綿滾邊設計的和服。五、六月時的和服是單件且無鋪綿，七、八月換成夏天用的和服，到九月再穿回單件無鋪綿的和服。十一月穿著一件鋪棉的和服，十二月又再穿上內外雙層皆鋪綿的和服。至於腰帶，十月時繫上染帶，十一月到三月間則繫上織帶。染帶和織帶最主要的差異在於染色時間點，前者是先織成布料再染色，後者則是先將原紗染色後再織成布料。四、五月時使用染帶，六到九月間則使用夏天專用的腰帶。腰帶其實也是配合和服的更換改變。如果不需要出席酒席招待顧客，服裝規範可以稍微放寬，但是藝妓、舞妓原本就是活在講究的世界中，所以上七軒地區的藝妓、舞妓都會遵守這種傳統的和服與腰帶的穿戴習俗。

帶揚（Obiage）是用來固定帶枕[2]（Obimakura）的布料，本店採用知名的相良刺繡，這是從面料的背面抽線，將結成的小線珠連起來組成圖案的一種刺繡技法，既需要高度技術又很花時間。平常則是用以金箔裝飾的紅色縮緬布做爲帶揚。帶留[3]（Obidome）可說是舞妓的勳章，但其實正式禮服是不繫腰留的。上七軒希望能把這種堅持當成文化，流傳後世。

舞妓剛進店裡的頭一年間，要使用BiraBira簪[4]，而且不能在上唇點上唇膏。這是因爲上唇象徵著自我意識，藉由這項規定提醒新人要收斂自

北野舞

我專心學習。一年過後就可以拿下BiraBira簪，也可以開始在上唇使用唇膏。部分花街並不禁止新人在上唇點上唇膏，但上七軒的舞妓新人在頭一年絕對不能點唇膏。

讓舞妓在訓練時間內就學會講究

一般人常以爲當舞妓的人一定要有特別的資質，其實她們只是普通的女孩子而已。過去傳統都是茶屋屋主的女兒成爲舞妓或藝妓，進而繼承家業茶屋。現在則轉變成爲一般家庭長大的女孩子投入舞妓的世界，要讓他們習慣講究四季流轉的花街生活方式，著實得花上一番功夫。

剛來到花街的新人，必須先以見習生身分做家事。這是希望她們在成爲舞妓之前，先學會做一位平凡女性，以便她們將來離開舞妓工作之後，能回歸一般生活。每處花街的見習生訓練時間不同，上七軒約半年，祇園、先斗町、宮川町等花街大概要一年。根據我的個人經驗，半年的時間新人已可學會一定程度的應對進退禮儀，差不多會跳三曲舞了，此時開始讓她們招待顧客比較好。因爲周圍的人對見習生的要求和對舞妓不同，與其拉長見習的時間，不如讓她們實際去招待顧客累積經驗，接受顧客嚴格的品頭論足，這樣應該可以成長得更快。

見習期間新人不結髮髻，需要幫忙打掃、洗衣、煮飯。但光是這點，新時代的女孩子都已經讓我們震驚不已。有些人認爲打掃就是打開吸塵器，其實眞正的打掃應該是用撢子掃掉灰塵之後，再用吸塵器收集塵埃，最後再用抹布擦拭表面。而且最近的孩子們也都很少爲長輩跑腿。我小時候祖母常常教我去送禮，她告訴我「你拿著○○去人家家裡，要說『這只是借花獻佛的一點小心意，如果不嫌棄的話請您收下』，然後再把東西交給人家」。讓孩子跑腿同時也是教導孩子說話和應對進退禮儀的好時機。所以我們會讓見習生去跑腿。還有茶屋的人都是在榻榻米上生活，新人剛來時只要一正座（跪坐）就會喊腳痛，但我們還是會要求她們至少在吃飯時必須維持挺直的跪坐姿勢。習慣個一、兩年之後，即使是在酒席中必須長時間跪坐，舞妓們也能勝任愉快。

天氣變冷時也就該爲長火盆點火了，點火也有固定的日期，就是在十一月的亥日。在亥日點火前不管多冷，只能用空調暖氣或是家用暖爐桌來取暖。

這種講究四季的生活，只要慢慢習慣後就會覺得是一種很好的生活方式。這種體會無法口耳相傳，只能透過日常生活中的點點滴滴自行去體會，本人如果不是眞心想學，是無法堅持下去的。舞藝練習等習藝過程也一樣，只要眞心想學，自然會去努力認眞鑽研。只是一個勁兒地告訴舞妓什麼是對的，應該這樣那樣做，這種塡鴨式教學法很容易引起舞妓的反彈，所以我們致力於透過耳濡目染的方式，讓舞妓們在日常生活中學習。

在女孩蛻變成舞妓之前

以前電視節目來採訪時，曾問及舞妓的肌膚看起來很美，是不是因爲使用化妝品的緣故？其實我認爲這是日常生活中養成的。舞妓有時會工作到深夜十二點或一點，回到家以後，還必須先取下頭簪髮飾，仔細卸妝，摺好和服，才能去洗澡就寢，一眨眼就是清晨兩、三點。但是不論前一天工作到多晚，我依然規定早餐時間一定是上午九點，沒有任何舞妓可以睡到中午過後。吃完早餐之後就要換上練習服去學習。在上七軒舞妓要學習的項目約有十種。見習生一開始先學泡茶，然後依序學習舞蹈、鼓、太鼓等樂器。

舞妓正式到酒席登台表演前的一個月，會以見習舞妓的身分，繫上較短的裝飾腰帶，出席酒席。等到正式成爲舞妓登台表演後，練習分量就會馬上暴增，需要再學習清元[5]聲樂、常盤津[6]、長曲、小曲、短歌、笛與三味線。最近聽說有些舞妓還要學習英語會話。練習主要採用集中期間練習的方式，例如連續四、五天都練習舞蹈，其後的四、五天練習長曲等。有時候一天之內也會練習多個科目。有人說對十五歲左右的女孩子來說，清元或是常盤津是很難學的，正因爲如此所以重要的就是讓她們天天耳濡目染，將這些曲調聽得滾瓜爛熟。就算是只是耳朵聽慣這些曲調，實際在練舞時的感覺也會完全不同。每天早上十點左右開始練習，晚上不論工作到多晚，都必須在固定時間起床吃早餐，然後再繼續練習。每天持續這種生活，長期下來整個人的氣質就會變得凜然收斂，然後越來越美麗。長期處在這種緊張又看來不自由的生活步調，是使培養出舞妓氣質的因素之一，在生活中與學姊們的細膩互動，也磨練出舞妓美麗的心境。

等到舞妓正式登台表演後，她們就只要負責自己生活起居的打掃、洗衣等雜事。也不會特別再教舞妓料理廚藝，因爲我們希望舞妓的雙手能維持白皙滑嫩，也不希望舞妓散發出家庭生活感。一般所謂的花般麗人，是指能到酒席上招待顧客的舞妓或藝妓，正因爲她們有超脫俗世的華麗氣質，才夠格享此盛名，顧客也是在這種超脫世俗的環境中追求心靈的平靜。舞妓、藝妓不可以談論家庭，更不可以討論物品的價格等世俗之事。所以她們必須過著超脫世俗典範的生活方式。然而過去有富豪老闆包養舞妓、藝妓，買房子給她們，讓女傭負責照顧她們的生活起居，過著優游自得的生活，現代的舞妓、藝妓一切都必須自己來。就像一般上班族女性一樣，自己租個小公寓房間過日子，三餐也得自行打理。從這個角度來看，舞妓、藝妓一方面要在酒席裡面表現得超凡脫俗，另一方面卻又必須用普通女孩子的生活條件來過日子，今昔對照，這個落差是最難克服的部分。不過，現在的舞妓、藝妓在十五歲以前都是過著普通女孩的生活，不像過去的舞妓、藝妓一輩子都沒經歷過一般人的生活，相形之下，倒也不是完全不能適應。我家茶屋的舞妓女孩們似乎都是抱持著未來可以獨立自主的夢想，來度過在茶屋內的六年時光。

從好的角度來看，花街內仍然維持著互相扶持的溫暖人情。有些女孩好不容易熬到換衣襟成為藝妓，卻選擇在二十五歲以後或三十歲時辭職，不過也有人在離開花街之後又回來這裡討生活。我認為她們是因為離開花街步入現實社會後，反而眞正體會到花街的人情溫暖，而選擇回到花街。綜合以上所述，雖然舞妓、藝妓的生活方式已經與時俱變，但我仍希望將好的部分永遠傳承下去。

歌舞練習場的庭院

一風二髮三器量

舞妓可說是生活在三姑六婆環伺的世界。日常生活態度無所遁形，一有缺失馬上就會被指正。我覺得現在社會最缺乏的就是這樣的生活風氣。

每天的生活都被人用放大鏡檢視，光是昨天晚上去參加酒席，未主動向前跟學姊們打招呼這一件小事，就會被學姊們訓斥。我平常也對舞妓們很嚴厲，但通常舞妓離開本店後，她們的雙親會回來感謝我們。因爲每天生活周遭都有人在監督自己的一言一行，同事們也都是競爭對手，所以必須絲毫不懈怠地維持自己的美麗容姿。我也教育她們在酒席中的用字遣詞不能像現代的語言習慣，隨便掐頭去尾、偷懶造句，因此有些人回到故鄉後，才發現自己在進入花街前的言詞是多麼地粗鄙不堪。我認爲講究的生活方式，持續堅持每個細節的生活風格，正是舞妓、藝妓們即使上了年紀，也能維持美麗氣質的原因。

花街有一句話叫做一風二髮三器量。一風指的是永遠要穿著清潔、整齊的和服，維持華麗的風情。二髮指的是在別人替你梳完頭結完髻後，每天早晨起床後都要自行整理好微亂的髮型，並完美地插上髮飾。因爲蓬頭垢面是最容易也最常被斥責的一點。三器量則是在每天維持清潔美麗的生活型態後，就會慢慢醞釀培養出的內涵。我想講究日本文化的生活，正是舞妓、藝妓得以有超凡美麗最大的祕訣吧。

【摘自平成二十一年十月十日「北野之里的講究之道」】

今井 貴美子 *IMAI KIMIKO*

京都府出生。一九六八年京都府立山城高等學校畢業後，歷經各種練習學習。一九八二年獲拔擢爲大文字第五代的老闆娘。現兼任上七軒茶屋共同組合理事。

大文字 *DAIMONJI*

一八九四年創業於近江（現在的滋賀縣）。
一九四〇年遷移店址至京都上七軒。承襲上七軒的茶屋、置屋經營傳統，致力於培育舞妓、藝妓與守護花街文化。
京都市上京区北野上七軒

第十三章

京漬物 西利

透過漬物傳遞，現在我們應該食用的食品

平井 誠一

✕京都品牌的起源✕

前幾天全日本漬物協同組合「青年部會全國大會在祇園的歌舞練習場盛大舉行，會中並邀請到京都市長門川大作親臨致辭。市長在致辭中提及：「我小時候並沒有京漬物這個品牌，現在這個品牌已經遠近馳名，成為支持京都發展的重要產業之一了。」

近年來京都漬物業界大手筆開始打造品牌，成為全日本漬物業界關注的焦點。很多人會以為這是因為原本就有「京都品牌」的存在，所以才有辦法這麼做，其實並非如此。

翻出一九七〇年大阪萬國博覽會展期中的京都市觀光調查，結果發現購買伴手禮的旅客中，只有不到六%的人選擇漬物做為伴手禮。和菓子八橋（Yatsuhashi）當時就很受歡迎，約占了伴手禮的四十%。然而到了二〇〇三年有五三%的旅客會選擇京漬物做為伴手禮，已經榮登伴手禮第一名，而且幾乎等於每兩位旅客就有一人會選擇京漬物為伴手禮。我想這個成績不光是西利的功勞，而是加盟公會的一〇一家公司齊心協力所創造出來的成果。

要打造出一個品牌時，只要參與其中的公司有一家跟不上，或偷懶不肯按步就班地實行，就很可能影響到整體的評價。只有在所有的加盟會員都確實遵守最少應該遵守的規則，才能打造出受到消費者認可的商品，成就一個品牌。

在這個組織中西利之所以能成為領導者，我想完全是因為家父的功勞。

公會活動是讓漬物業界的公司同心齊力的契機。為了獲得顧客的信賴，同業之間必須攜手合作才行。但大家都是經營者，彼此的公司也處於競爭關係，要談合作談何容易。所以家父和東山八百伊的村井先生、桝悟的宇津先生、大安的大角先生、川勝德本家的川勝先生這五人登高一呼，在三十四年前領先全日本漬物業界，成立了青年部。這五位前輩想要守護的正是「爲了漬物業界的發展，由青年時代就開始建立人際網絡，讓全業界都能得到顧客的信賴」。等到這五位前輩都成功接下經營者的棒子，進入青年部隸屬的公會時，因爲對於彼此的人品都已經互相了解，也就能有更進一步的深入溝通。在這群人的堅定理念下，以他們經營的公司爲主體，才開始展開活動。

「(旬)美味，友善。」

企業理念

西利商品型錄的封面寫著「(旬)美味，友善。」的標語。這是本公司創業五十週年時，爲了有組織地傳達五十年來的理念與工作內容，所想出來的標語。

首先「旬」有兩個含意。我們的商品都使用蔬菜爲原料，所以非常重視「蔬菜的產季」。另外一個含意，則是要確實掌握社會的潛在需求，聆聽顧客的聲音，也就是「當季的需求」。

至於「美味，友善。」，則是因爲我們的商品是食物，不美味當然就無法獲得消費者的青睞，但更重要的是要「友善」。友善的對象除了消費者，要生產對人體健康有益的商品，商品和蔬菜也是友善的對象。所以一直以來我們很重視培育出蔬菜的土壤，甚至致力於環保，期許自己成爲對地球友善的環保企業。

西利這家公司

本公司創業至今七十二年，並不算是一家歷史悠久的公司。家祖父是滋賀縣農家的次男，很年輕的時候就去京都錦市場內的西利商店當學徒。在這家大型漬物店中家祖父從夥計幹起，到成爲總管，最後終獲老闆的認可，得以用西利的名號開店營業。西利商店的創業者是西野利平，據說他是伏見地區的大商人，來到錦市場開了一家漬物店，也就是西利商店的起源。不過本家的西利商店到了江戶時代末期因爲後繼無人而歇業，反而是本公司繼承了西利的招牌，守護著約一五〇年的傳統至今。

在西利的歷史中最大的轉捩點，就是由原本的批發製造商轉換跑道至零售製造商，得以在自家店面中，將自己生產的商品直接銷售給消費者。

現在我們商品全數在自家工廠中生產。以前還是批發製造商時，也曾將千枚漬商品批售給東京的漬物店。但是委託其他商店銷售，有可能因爲保存不當，造成商品變色甚至影響風味，結果顧客買到這種問題商品，又會來跟製造公司客訴。

費盡心思生產的商品，卻不能在最美味的狀態下讓消費者品嚐，實在非常可惜。再加上消費者既然花了大錢購買商品，身爲製造商的我們就非常希望消費者能吃得放心又安全。在這樣的想法下，我們決定自行掌握銷售環節，因而轉型自行銷售。

和農家簽訂契作合約

自行銷售的作法在全日本並不常見，但在京都的漬物店卻是一般作法。比方說開在商店街裡的每一家漬物店，通常都會在店內後方的調理空間自行生產店內需要的商品，我們只是把這種作法企業化而已。我們的想法很簡單，就是自行生產掌控商品品質，做好銷售管理，獲得消費者信賴，讓消費者在享用美味漬物的同時，也能吃得放心又安全。

生產商品最重要的就是原料，也就是要使用什麼樣的蔬菜。沒有好品質的蔬菜不可能做出美味的漬物。同時爲了讓消費者可以放心又安全地享用美味的漬物，我們也必須知道蔬菜的來源，並掌握栽種方式。爲了確保原料品質，我們決定採用契作方式。特別是聖護院蕪菁產量極少，栽種的農家也少，所以京都的漬物店都會和這些農家維持良好的關係。其他像是酸莖漬則是上賀茂地區的農家、柴漬則是大原地區的重要特產，我們都習慣和當地的農家維持良好互惠的關係，可說原本就是適合導入契作合約的環境。本公司只是把契作的範圍擴大到白菜、小黃瓜、茄

大型工廠

子等蔬菜。

雖然大環境原本就適合導入契作合約，不過對農家來說簽下契作合約，等於是自己所有的收入來源全掌握在簽約對象手裡，所以很難取得農家的信賴和同意，因此我們也花了非常久的時間才得以和農家建立起互信關係。現今有生產履歷制度，常常在超市中可以看到有關生產者的說明，甚至是生產者的照片，農家也願意公開生產者資訊。可是過去農民都習慣把作物直接交給農會，即使我們登門拜託，農民對我們的想法也是置之不理。因爲我們有和蕪菁農家配合的經驗，所以慢慢花時間向農民說明，努力讓農民了解。幸運的是現在包含白蘿蔔、小黃瓜、茄子等一年四季都必須使用的蔬菜，我們的契作農家已經遍及北海道到九州，天氣熱的時候向北海道進貨，天冷的時候則向九州進貨，終於能確保一年四季使用無虞。

產季時所有的蔬菜都會採用京都丹後產的蔬菜。爲了表達感謝，每年的春酒我們都會招待契作農家同歡。這個慣例也是源自家祖父。每年二月左右當蕪菁和酸莖的農家收割完成時，家祖父爲了表達對農民提供品質優良的蕪菁和酸莖的感謝之意，會招待農家去洗溫泉。因爲有了農家努力不懈地生產蔬菜，我們才得以做生意營生，這一點我們永遠銘記在心。

顧客的意見是創意的來源

由委託銷售轉爲自行銷售，最大的不同就是可以直接聆聽消費者的意見。

在經濟高度成長的時期，女性也開始投入職場。本公司現任社長當時還是銷售人員，每天都在梅田的阪急百貨公司櫃位上工作。當時有不少女性上班族下班後來到本店櫃位想買漬物，顧客來之前原本打算「今天實在很累了，晚餐就簡單做個茶泡飯配漬物好了」，可是一轉念又想到「要切漬物好麻煩，而且還會弄髒砧板」，結果什麼都沒買就回去了。聽到顧客的心聲，現任社長回到工廠，立刻取出要出貨到阪急百貨公司的商品，要求員工全部分切成容易入口的大小。第二天就用漆器盒擺盤後，在阪急百貨公司的西利櫃位上展示。當時的百貨公司採購人員看到這種做法還大發雷霆，可是到了傍晚，這些分切好的漬物不用多久時間就被顧客一掃而空。後來才開始銷售分切好的商品。

當時剛好也是眞空包裝開始問市的時期。把分切好的商品裝成眞空包後，折好放入寫著「古都之晨」的禮盒內，一排出來展示，很快就有消費者選購做爲伴手禮。這種包裝方式還可以讓具有強烈氣味的酸莖漬和千枚漬即使放在同一個木桶內也不致於影響彼此的風味，因此得以打造出「京都捎來的訊息」這項商品，也就是千枚漬和酸莖漬的組合商品。

這項組合商品之所以不命名爲京漬物組合，聽說是借用了甜點店的智慧。這是因爲希望漬物也能和甜點一樣，經由迷人的商品名稱，晉升爲時尙的禮物。

彈性因應新的發展

不久前因爲健康減鹽風潮的興起，漬物的銷售受到嚴重的打擊。

漬物是最適合讓消費者攝取大量蔬菜的食品。透過醃漬的過程可以減少蔬菜的分量感，鹽也是人體不可或缺的礦物質，所以消費者品嚐漬物的同時，等於是同時攝取了海中的礦物質（鹽）和陸地上的礦物質（蔬菜）。這麼優秀的食品被消費者敬而遠之，實在是令人十分惋惜的事。不過鹽分攝取過多有害健康也是事實，所以我們努力思考如何製造低鹽又美味的漬物，因而開發出淺漬這種新的製造方法。

這種新的製造方法其實是千枚漬的進階版。原本千枚漬的本質就不同於其他漬物。最早的千枚漬其實算不上是一種漬物。千枚漬的起源是大藤三郎這位天皇御廚提供的一種聖護院蕪菁料理。為了讓聖護院蕪菁更方便食用，他先將聖護院蕪菁切成薄片，用鹽揉搓軟化後，再用昆布與味醂調味，做成一種小菜。後來大藤三郎開始銷售這道料理，然後才成為其他漬物店也銷售的千枚漬。

千枚漬和其他漬物最大的不同，就在於事前處理食材時雖然有使用鹽，但正式醃漬時卻完全不用鹽，而是用味醂、酒、昆布等來醃漬。事前處理食材時利用鹽的滲透壓來破壞蔬菜的細胞，去除蔬菜內含的水分，讓蔬菜變得柔軟後；正式醃漬時則使用美味的調味汁，讓調味汁滲入蔬菜細胞的間隙。因為只有事前處理用到鹽，所以鹽分較低，以西利的淺漬商品為例，鹽分只有二％左右。而淺漬日野菜[2]為了讓消費者享用到原有的蔬菜風味，鹽分更少，只有一％左右。西利的淺漬商品鹽分幾乎都在二％上下。日本健康成年男性每日的鹽分建議攝取量為八公克，換言之就算食用一百公克的漬物，鹽分攝取量也只有兩公克。

不過當初推出淺漬商品時，我們判斷在京都地區應該不會賣得好，因為消費者可能無法認同淺漬是漬物。所以一開始我們是在橫濱的高島屋販售，結果一推出即大獲好評。而且以往在關東地區，漬物被認爲是不適合拿來做禮品的商品，不過當時因爲風評良好，百貨公司還將淺漬商品裝成禮盒，在禮品中心陳售，成爲夏季的暢銷禮品。以當時的人的想法來看，在年終或中元贈禮時送小黃瓜、白菜或茄子等，應該是連想都不曾想過的作法。但是到了今天，漬物已經成爲消費者喜歡收到的禮品之一，也鼓舞了我們這些業者。因爲淺漬商品在關東大受好評，待時機成熟後也順勢在京都推出。結果在京都也受到極大的好評，現在已經成爲營收的主力。

只不過身爲漬物店，我們也不知道這樣到底算不算是好事。因爲淺漬商品暢銷，就會影響到發酵漬物的銷售量。消費者可能會認爲美味的淺漬蔬菜，吃起來比長期發酵後味道又酸顏色又難看的漬物美味吧。因此西利正努力進行商品研究，希望讓消費者理解發酵食品的優點，讓更多消費者願意食用發酵食品。

✕ 為了消費者的健康 ✕

漬物的誕生，源自日本人對蔬菜的喜愛

在堅守「㊐美味，友善。」的理念下，爲了提供吃得放心又安全的美味漬物，除了溫度管理外，工廠內也設置無塵室，在無塵室中裝袋，生產可長期保存的商品。這是本公司致力於不使用防腐劑與色素生產商品的努力之一。

但是除此之外，爲了消費者的健康，本公司還有許多用心所在。

以前日本人常食用蔬菜，我想先人們為了全年都能品嚐蔬菜的美味，才有漬物的誕生。春季到秋季可以吃到新鮮的蔬菜，但是冬季積雪無法栽種蔬菜，所以才有保存秋季採收的大量蔬菜的想法。一開始是泡在海水中保存，後來知道可以用鹽醃漬，就把採收的蔬菜用鹽醃漬保存，然後在冬季慢慢品嚐，這應該就是漬物誕生的由來和生產循環。用現在的科學方法來解析過去冬季所食用的鹽漬蔬菜，幾乎都是乳酸發酵的結果。過去的日本人不但利用蔬菜來攝取內含的各種食物纖維及維生素、鹽內含的礦物質等，也透過發酵的過程攝取到對健康有益的乳酸菌呢。在酷寒嚴冬能攝取到這些營養成分，說不定也是日本人維持健康的祕訣呢。

說到健康，健康可說是飲食、運動、休養與睡眠的集大成。飲食除了可以打造強健的肌肉骨骼外，也是攝取維持身體健康所需的維生素、

礦物質與食物纖維等各種營養素的必要手段。近年來一家團圓快樂用餐，也成為飲食重要的要素之一。

我認為飲食中漬物扮演的角色，就是維持身體的健康，讓餐飲變得更美味，讓消費者能更快樂地用餐。自古以來發酵的漬物就是日本人餐桌上不可或缺的一環，扮演著畫龍點睛的角色。古代聖德太子的時代，書簡上就有「香物」的記載，指的就是漬物。當時所謂的「香」，指的應該就是發酵的臭味吧。即使到了現代，也有用「香」這個字來表示漬物的說法，如新香等。為了讓自古相傳至今的漬物食品能成為符合現代風的健康食品，本公司因此著手進行研發。

關於短桿型乳酸菌

京都的財團法人路易巴斯德醫學研究中心（Louis Pasteur Center for Medical Research），由酸莖漬中發現了新型乳酸菌。

該研究所的岸田綱太郎博士注意到京都人的長壽現象，著手調查京都人的飲食，結果發現京都人食用大量的發酵食品，特別是發酵的漬物。

分析酸莖漬後，發現其中內含許多優良的乳酸菌，「短桿型乳酸菌」（Lactobacillus brevis subspecies coagulans）則是最重要的發現。

由酸莖漬中發現的短桿型乳酸菌，經由攝取試驗發現持續攝取這種乳酸菌，可提升維持人體健康重要干擾素的能力。人體淋巴球內的ＮＫ細胞具有重要的ＮＫ活性，可在體內各處發揮警戒力，以排除病毒等外敵等，維持免疫力。當人體受到病毒或細菌感染時，身體會產生干擾素成爲有抵抗力的細胞。換言之ＮＫ活性和干擾素產生能力，正是影響人體免疫力的重要關鍵。西利在財團法人路易巴斯德醫學研究中心的協助下，證實了持續食用「西利的短桿型乳酸菌」，可提升ＮＫ活性和干擾素產生能力，具有提升人體免疫力的效果。

根據這項實證研究結果，西利進一步和財團法人路易巴斯德醫學研究中心共同研究，打算將短桿型乳酸菌應用在漬物上。最近可果美（KAGOME）株式會社也開發出含短桿型乳酸菌的乳酸菌飲料。

短桿型乳酸菌是生命力很強的乳酸菌，要應用在漬物上很困難，因爲它會讓漬物一下子就變酸。爲了讓漬物維持在適當的酸度，溫度管理是不可或缺的。因爲現今冷藏技術極爲發達，運輸途中也可以冷藏，所以只要能讓這種乳酸菌穩定，就可以充分加以活用。本公司研究室因此努力研發出讓乳酸菌穩定的技術，終於可以將乳酸菌活用在各種用途上，進而著手開發出可以同時攝取到蔬菜和乳酸菌，又彷彿是一般小菜一樣的商品。

本公司生產許多短桿型乳酸菌的系列商品，包含陳年漬、米糠漬、韓式泡菜等，只使用天然成分萃取的天然美味調味料來調味。另外也有以「Labre Cooking」爲系列名稱的小菜。最近習慣食用淺漬商品的顧客們不太會去食用陳年漬商品，所以我們把陳年漬商品做成有如一般的小菜，希望消費者能多多食用。另外也有以昆布醃漬，希望讓消費者攝取到昆存黏液的商品。其實在乳酸發酵的過程中，短桿型乳酸菌會產生副產物γ–胺基丁酸（GABA，γ-aminobutyric acid），而昆布漬正是富含這種γ-胺基丁酸的製法，每一百公克的商品中含有一五〇毫克以上的γ-胺基丁酸。γ-胺基丁酸具有降血壓、活化腎臟功能、改善肝功能和預防肥胖等功效，深受醫學界矚目。古時候的人們應該是食用發酵食物而攝取到γ-胺基丁酸吧。爲了守護先人的漬物智慧結晶，我們日以繼夜努力不懈，希望能找出更多的科學根據，來佐證先人優良的飲食文化遺產。

為守護傳統而誕生的新商品

將先人的漬物智慧結晶如千枚漬、酸莖漬、柴漬等永久流傳，是我們重要的使命。但是今後身負技術傳承重責大任的師傅，可能越來

越難以完整地學會這些傳統技術。所以我們特別設立了研究室，嘗試將技術數值化，留下完整紀錄，希望以後的師傅只要經過系統化的學習，就可以製造漬物。淺漬的開發也是其中的一環。西利公司認爲創新不是從無中生有，而是因爲確實守護傳統，才能醞釀出開發全新商品的契機。

※為了引領新的時代※

守護地區特產品傳遞的訊息

日本的漬物可說是百花齊放，每個地區都有當地特產的漬物，例如京都有千枚漬、酸莖漬、柴漬，大阪則以水茄子出名，三重特產是養肝漬，名古屋有守口漬，岩手則將風乾後的白蘿蔔煙燻後再以米糠醃漬後製成當地特產「いぶりがっこ」[3]（Iburigakko），信州特產則是野澤菜等等。守護每個地區自古流傳至今的漬物，讓下一代也能品嚐到先人的智慧結晶，是很重要的。我們相信這也有助於維護顧客的身體健康，所以我們致力於推廣「漬物之日」，希望能讓消費者更親近漬物，以傳承各地區的特產品。

或許很少人知道每月二十一日被訂爲「漬物之日」。這是因爲二十一日是愛知縣萱津神社的祭日，而萱津神社的主神就是漬物之神。據說古時候的人把當時極爲珍貴的鹽和蔬菜一起當成供品，獻納給神明，結果就自然形成了漬物。

支持守護日本飲食風格的運動

我們也打算推行日本早餐運動，也就是在以米飯爲主食的飲食生活中，搭配烤魚、味噌湯、漬物、涼拌菠菜等，藉由攝取均衡飲食守護健康。

說來有些遺憾，在我家只有早餐時段是全家人一起用餐，午餐時有的人在學校有的人在公司，晚上又各自有活動，回到家的時間都很晚了。即使是國中小的學生也因爲要補習等，大家用餐的時間常常都湊不到一起。所以我特別注重早餐，堅持全家人一起好好享用早餐。我也很希望每個家庭每週至少要找一個時間全家人一起用餐，品嚐日本傳統的餐點米飯、味噌湯、魚板和烤魚。如果全家一起用餐時餐桌上能擺上漬物，對我們來說更是莫大的鼓舞。

和食的普及

我小時候非常討厭鮒壽司[4]，現在卻非常喜歡。而且我現在也變得比較喜歡吃魚而不是吃肉。以前討厭現在卻喜歡的食物，據說很多都是在孩提時期食用過的食物。所以爲了讓現在的孩子們將來也能喜歡並食用和食，最重要的就是現在大人們在餐桌上放上和食。

等到孩子們上了國高中，就會自行去吃他們喜愛的麥當勞、漢堡或豬排飯了。但是只要在他們小時候有食用和食的習慣，將來長大後就會懷念起兒時的味道，而再度食用和食。所以在小時候和父母一起用餐時，父母端出和食料理是很重要的。這也是我想拜託大家的事，也是讓和食普及的重要關鍵之一。

推動農業的永續發展

沒有蔬菜漬物店就無法生存。九州福岡縣因爲栽種高菜（日式酸菜）的農家越來越少，於是九州銷售高菜的漬物店就開始自行栽種高菜，然後醃漬成漬物後銷售。或許這就是漬物店原本應有的型態，有如農家生活的延長，因爲漬物原本就是農家爲了保存蔬菜而誕生。京都大原與上賀茂地區的農家，會銷售自家醃漬的漬物。所以農業的永續發展不僅對我們來說是非常重要的課題，也會影響到顧客。爲了找回日本傳統的飲食生活，就必須要有美味的蔬菜，還有美味的白米和鮮魚。我希望大家對於飲食都能有豐富的見識，並食用安全可靠的食物，活得健康自在。如此一來致力於提供安全可靠食品的我們，自然會受到大家的支持。

我並不否認健康食品的功效，但如果飲食生活中只剩下健康食品，人生就會變得單調不已。和親朋好友一起享用一桌豐盛的菜餚，既滿足了胃，也讓人心情愉悅，身心都能獲得健康。將來有一天說不定飲食生活就只剩下健康食品，每天的三餐就是用水吞服健康食品。如果這一天眞的到來，一定會造成許多遺憾。飲食除了可以延續生命，也可以豐富精神生活，更是一個家庭重要的溝通手段。我們透過漬物確實了解守護消費者健康的任務和使命，今後也將持續生產可放心、安全食用的美味漬物。

守護顧客的健康就是我們的使命

今後西利的使命就是經由漬物守護消費者的健康。由四條通的繩手略向東行，就會看到目疾地藏座落的仲源寺，我們已經將仲源寺旁的一號直營店改裝成地方風味的食品店，店面裝潢符合現代的商店風格，希望能吸引年輕人上門採購。我們的理念就是「美麗就是快樂」。就像是野鳥喜歡啄食樹上的果實，牛隻吃牧草吃得津津有味一樣，每種生物各自有適合用來攝取營養的食物。而對我們日本人來說，能讓我們活得健康又美麗的食物就是米飯為主的飲食生活吧。

請大家回憶一下，在水質清澈的這個國家，用肥沃的土壤種植出蔬菜，再以天然鹽或昆布、魚高湯等自然的調理方法，做成食物品嚐的健康飲食時代。健康與美麗是一體的兩面，而美麗和幸福也是一體的兩面。我們在地方風味的食品店中，透過漬物傳遞現在應該食用什麼食物的訊息給消費者。

如果說「米飯」是能讓日本人精神飽滿神清氣爽的食物，那麼漬物就是最佳配角，不但能增

千枚漬和京的淺漬

添飲食的美味，還內含蔬菜和乳酸菌，具有維持身體健康的功效。爲了全家人的幸福與健康，每天請在餐桌上擺上一碟漬物吧。每個地區都有當地特產的漬物，製作方式也都是經由發酵而成，可以同時攝取到蔬菜和乳酸菌。當地風土孕育出的食物和飲食生活文化，就是維持健康的不二法門。我們建議大家透過飲食來得到健康，過著幸福快樂的每一天。

【摘自平成二十四年一月十八日「飲食與健康〜漬物的任務與使命」】

平井 誠一 *HIRAI SEIICBI*

一九六七年生於京都府。一九九三年進入西利服務，二〇一三年就任代表取締役社長至今。

西利株式會社 *NISBIRI*

一九四年獲得原西利商店老闆認可，以西利的名號創業。一九五五年左右起在直營店與百貨公司專櫃內積極銷售，一九七六年「西利千枚漬」榮獲總理大臣獎。西利繼承傳統，從中研發出新商品「京之淺漬」，利用低鹽分成功襯托出當季蔬菜原有的風味，是符合現代人的口味。另外也開發出「健康漬物乳酸菌 Labre」、「西利環保容器」等，不斷持續開發京都漬物的可能性與新商品。

京都市下京区堀川通七条上る西本願寺前

電話：075-361-8181

FAX：075-361-8801

URL：http://www.nishiri.co.jp/

第十四章

泰生織物

為和服增添獨特魅力，致力於西陣的技術傳承

酒井 貞治

何謂西陣織

西陣織的原料「絹」

絹是怎麼來的呢……。

如同大家所知，絹來自蠶繭。將蠶繭離解成繭絲後運用加撚的方式使其抱合成爲一連續性無限延伸的紗線，也就是生絲。生絲其實是輕脆且不太有光澤的絲線。

絹外側的成分稱爲絲膠，內層則稱爲絲素，絹絲的剖面也類似豬鼻子。絲線略帶輕脆的性質，看起來好像上了少許蠟的部分就是絲膠。實際使用時幾乎都會先精練脫膠精製成熟絲，也就是先去除絲膠成分，只剩下絲素部分後再使用。熟絲比生絲更柔軟光滑。緊握熟絲時會有狀似擠壓的聲音，這也正是眞正的絹響之音。不過夏天使用的羅布等有時會直接使用生絲織成布，具有清涼的感覺。

日本自五、六世紀開始養蠶。因爲七九四年遷都

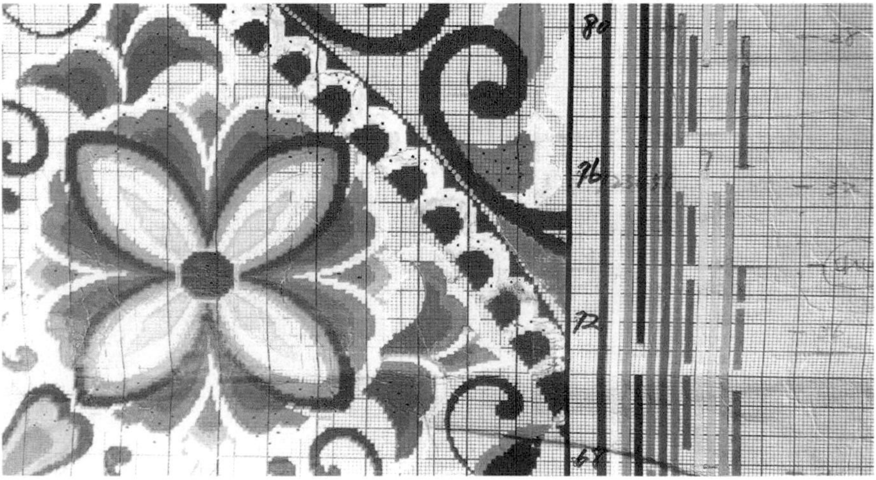

部分紋意匠圖

至平安京，所以開始養蠶是在奈良時代之前。當時的京都有很多「渡來人」，亦即來自中國、朝鮮半島並定居在日本的外國人。渡來人中的秦氏一族是豪門世家，最著名的事蹟就是建造了葛野大壩，並將治水與農耕技術傳入日本，也是日本養蠶技術普及的重要關鍵。葛野大壩位於京都以西，供奉第一號國寶木造彌勒菩薩蹺腳沉思坐像（寶冠彌勒）的廣隆寺附近，因爲秦氏一族在當地開始養蠶，所以那一帶後來才被人稱爲太秦。

秦氏一族出身於朝鮮半島南部的新羅。換言之，絹織物是由中國經由朝鮮半島傳入日本。

西陣織其名與特徵

絹傳入日本之後，受到朝廷大力保護而得以持續發展，遷都後也一樣。七九四年由奈良遷都到京都之後，絹織物更受重視而得以進一步發展。當然，隨著戰火席捲京都，絹織產業的發展也曾嚴重受挫，起伏不斷。

一四六七年發生的應仁之亂，山名宗全和細川勝元在京都對戰十一年，讓京都宛如廢墟，絹織師傅也大爲減少。不過等到應仁之亂平息後，師傅們又再次聚集在京都，振興絹織產業。

應仁之亂和西陣頗有淵源。山名宗全率領的西軍本陣[1]就位於現在的五辻大宮附近。戰後名爲大舍人的織物技術集團來到西軍本陣附近，中興了絹織產業。此地區因爲曾是西軍本陣之所在而被稱爲「西陣」，在此生產的絹織品因此被稱爲「西陣織」。於是在一四八〇年左右開始就有了西陣織的名稱。

紗織成布的過程有兩種，一種是先染後織，先將絲線染色後織成布；一種則是像京友禪一樣先以紗織成布後，再於布上描繪圖樣、刺繡、貼金箔，然後再加以染色。

一般所謂的熟織，指的是先染色後再織成的布；生織則是先織成布後再染色。西陣織屬於先染後織的熟織布料。除了西陣織之外，有名的熟織布料還包括結城紬、博多織等，全日本共有約九十個熟織產地。生織產地也非常多。先染後織的熟織經由複雜的經紗、緯紗的交織組合，即可織出各種紋樣的布匹，如西陣織、博多織等。

西陣織的和服與腰帶

和服

以西陣織製作的和服，其實有許多適合日常生活穿著，不像訪問著[2]那麼正式的商品，如本絞織或府綢等。另外也生產白色布料，供先織後染的生織如友禪染等使用。一提到西陣織，很多人腦海中會浮現華麗的和服，其實大家想到的應該都是腰帶。事實上西陣的和服布料比較近似普通日常生活會穿著的和服，花色選擇也較爲樸素，如碎白點花紋布或條紋布等。箭翎圖樣的花紋布也是在西陣首創後普及到全日本。

如果按季節來區分和服種類，一般來說十月到隔年四年左右會使用有襯裡的袷（Awase），無裡布的單衣（Hitoe）則用於非夏季的五月到九月左右，也就是由櫻花雨的時節開始到楓紅時分。

夏季則會穿著由輕紗或羅紗等羅紋組織製成的和服。西陣的和服種類齊全，由正式和服到休閒穿著用的和服都有。

腰帶

搭配和服的腰帶種類也很齊全。本店也有生產腰帶。簡單來說，腰帶可以分爲丸帶[3]、袋帶[4]、袋名古屋帶[5]、名古屋帶[6]、角帶[7]等。

至於紋樣也有不同的配置方式：只有太鼓結和腹部有紋樣的「太鼓腹」、除了纏腰部分以外都有紋樣的「六通[8]」、以及「全通」等。全通非常珍貴，因爲全長四公尺五十公分的腰帶從頭到尾全部都有紋樣。甚至還有在一條腰帶上發揮創意，以《源氏物語》爲主題來繪製紋樣，一條腰帶彷彿即可訴說一個故事。

此外，要創造多彩多姿豪華絢爛的織物等，需要同一色但深淺不一的絲線，所以本店的色架上有非常多種顏色的絲線。

絲錦袋帶

腰帶的紋樣可以用彩色絲線、箔與金線來呈現。

在和紙上以小麥澄粉漿糊、漆、眞正的金箔繪製紋樣，然後裁成非常細的箔絲，織入布料中，這種技術就稱爲引箔（Hikihaku）。要在和紙上作畫，首先要在和紙上塗上小麥澄粉漿糊，然後再塗上澀柿汁。澀柿汁和漆是絕妙組合，塗上它之後可以增加紙張靭性。接著在這張紙上用刮刀抹上色漆，貼上金箔後雕刻出市松花紋[9]。然後再由上方撒下細碎的金箔等，呈現出線條或砂子的圖樣。表面看來像是用黃金來作畫，背面其實是和紙。然後用裁斷機裁剪成〇．三公釐寬的紙絲，一條一條搭配緯紗，和經紗紡紗成布，重現原本的圖案。

作圖時會使用漆。以蒔繪爲代表的日本漆器工藝享譽全球，由英文單字也可一窺一二。骨瓷的英文是Bone China，而漆器的英文則是Japan。說到日本的餐具很多人就會想到漆器，可見得它是日本非常重要的工藝技術。漆的語源聽說是潤澤、美麗的意思。要兼顧堅靭與美麗很困難，但漆卻能兩者兼具，是非常了不得的染料。而且漆非常持久耐用，所以如果把本店生產的腰帶埋入土中，久而久之可能只會剩下漆的部分和金屬吧。

金絲遠比看起來的感覺還輕。以前常有人以爲我們是把金或銀展延成金線織進布料中，其實我們是在絲線外包覆上金箔。

金絲的歷史悠久，正倉院[10]收藏的刺繡花紋中也使用了金絲。金線又重又難處理，所以在很久以前先人們就想出了這種金絲的技術。金絲也有很多種，也有使用銀、白金的絲線。

撚金絲的方法有很多種，例如圓形撚、蛇形撚[11]、飄帶撚[12]等，但一般最常用在和服腰帶上的金絲是圓形撚。圓形撚就是以金箔絲緊密纏裹覆於芯線表面，成爲完全看不到芯線的圓形金絲。金絲的粗細也視用途而異，由三分金絲（最細）、標準、到最常使用的一掛[13]、用於特殊織物或刺繡等較粗的二掛、四掛等。不論種類與用途，金絲都成功扮演著爲織物帶來光澤和厚重感等的角色。

✕在西陣的腰帶創作製程✕

製作西陣腰帶是採完全分工的方式，包含許多道製程手續，每道製程環節負責的公司都是一家獨立的企業、營業單位。開始有西陣以來，西陣腰帶就必須經過「原料準備」、「織造準備」、「企劃、軋製紋版」、「機械準備」、「織造」、「最後加工」等六道製程，缺一不可。而我們織屋則扮演著協調溝通所有製程的角色。

接著想跟大家談談紋樣的創作。

思考要繪製什麼樣的紋樣也是我們織屋的工作。我們會利用古今中外的美術書籍、美術品、街頭巷尾裝飾的海報甚至是兒童繪本，由日常生活中找到紋樣的印象或主題。然後再根據找出的主題或印象先把紋樣大致畫在紙上，然後和和服圖案設計師一起創作「あたり」（Atari）。所謂的「Atari」就是織屋把腦袋裡的構想告訴設計師，雙方腦力激盪後用木炭畫在紙上，化構想爲具體圖樣的作業。然後再根據這張織屋構想和設計師感性的結晶「Atari」，用細筆繪製所有細節成爲「草稿」，上色後即成爲「圖案」。

西陣織品屬於先染後織的織物，所以有了圖案後就會根據圖案製作織成圖樣的資料（紋樣），由織布工人根據紋樣織成布。

製作紋樣時會同時製作名為「紋意匠圖（紋圖）」的圖樣設計圖，和根據設計圖製作的「紋版（打孔卡片或光碟片）」。負責製作紋意匠圖的是紋屋。紋屋會邊看著圖案，邊將紋樣輪廓按比例放大描繪至意匠紙，也就是一種方格紙上。方格紙上縱格代表經紗，橫格代表緯紗。紋意匠圖用來表示經紗和緯紗的交會方式，同時為了正確顯示出緯紗的兩端要織到哪條經紗為止，就必須在方格紙的格子上著色。這項作業稱為「勾邊」與「塗色」。即使圖案上是曲線，勾邊時也因為使用方格紙，所以會以階梯狀輪廓線來表示。因此方格越小就越能畫出圓滑的曲線。同時在旁邊畫上被稱為「Metre」的粗縱線。這是用來表示紋意匠圖中使用的各種顏色的起點和終點，以及緯線編織的順序。紋屋就根據織屋的想法，考慮到花紋各個部分的組織以及各組織接界配合的要求，並結合上機條件編織技法，繪製出實際可織造的設計圖，亦即「紋意匠圖」。

有了「紋意匠圖」，接著就是要根據意匠圖進行紋版軋孔的作業。先將紋樣按色分解，然後根據意匠圖上的經浮點用軋紋版機直接軋孔，形成用以控制豎針昇降運動使經紗形成梭口的穿孔紙版。這些紙版由紋編屋編成連紋版後，就是要交付織屋的紋版。

將連紋版放上甲卡提花織機後，織布機會依序讀取紋版上的資料開始織造。甲卡提花織機是由橫針與豎針組成，將橫針讀取到的紋版資料傳至豎針，以控制經紗的上下開口。這種織布機是一八○六年由法國人約瑟夫．馬利．甲卡（Joseph Marie Jacquard）所發明。此外甲卡打孔卡也是一般人日常使用的電腦起源。利用紋版織出事先定好的紋樣，這種控制系統也成爲日後PCS（Punch Card System）電腦的起源。

過去要經過許多人的手才得以製成紋版，不過現在大多是利用電腦來製作。只要用掃瞄機讀取圖案或紋意匠圖，再利用紋樣製作軟體，就可以自動著色到一定的程度（必須經過一些修正），再輸入顏色整理、地紋組織與織造時的條件、注意事項後，就可以繪出紋樣。將此紋樣用印表機列印出來，就成爲紋意匠圖，還可以將花樣和紋樣資料儲存在光碟片中。甚至只要使用Direct Jacquard的機械讀取光碟中的資料，就算沒有紋版也可以控制甲卡提花織機。

和服腰帶的表現手法

和服腰帶上有各式各樣的紋樣，不過最吸引人的應該是花紋的複雜程度和優美的配色。所以接下來要和大家分享的是先染後織的織物如何做出深淺不一的顏色。表現的手法有很多種，要介紹的是最具代表性的三種。

第一種手法是暈繝。利用白色、淺紫、深紫等相同的顏色，由深到淺，再由淺到深一層一層堆疊，重複這個作業，讓階梯狀的色塊呈現出不同的深淺。暈繝是奈良時代由中國傳入的著色方法，原本是用於建築物內部的裝飾手法。因爲顏色是一層一層堆疊上去的，所以可以賦予織物厚重感。

第二種手法是砂子。因爲這種著色方法有如撒砂子一般，而有了這個名稱。粒子大量聚集的部位顏色看起來就比較深，粒子分散的話顏色看起來就比較淺。這是靠點的數量來呈現深淺的技法。

可以透過調整經紗和緯紗交織點的多寡，來呈現出顏色的深淺。如果使用第一種暈繝的手法，要呈現出三色深淺就必須使用三種顏色，但如果使用第二種砂子的手法，只要二色甚至一色即可創造出三色深淺，是相對省力的織物方法。

最後一種手法則是浸入。比方說只使用紅、綠、帶紫的青色和金色，如果使用浸入手法，就可以呈現出極多樣的色彩變化。就有如在調色盤上混合顏料製成各種顏色，這是利用二色以上的緯紗，視需要織入相同位置產生暈染效果，創造出多種顏色的技法。如果使用接近原色的顏色，效果會更爲明顯。這種技法原本是爲了創造出深淺二色的中間色而發明，後來試著用這種方法織造，便得到很好的效果。

我們就使用這些手法來織造和服腰帶。

守護西陣織的傳統技術

關於泰生織物株式會社

戰前西陣地區有一家非常出色且歷史悠久的織屋「泰生

讀取紋版的甲卡提花織機

絲錦織技術

織物」，因爲業績蒸蒸日上不斷擴充規模，極盛時期共使用了兩百台織布機，不過第二次世界大戰中在政府的產業合理化政策下進行企業合併後中止營業。之後昭和二十二年（一九四七）原泰成織物支配人[12]北尾德太郎創立了「北尾德織物」，並就任首任社長，這也就是泰生織物株式會社的前身。昭和三十二年（一九五七）前社長北尾諭一學成技術後，在「新生」的理念下，創立了「泰生織物株式會社」，三年後和北尾德織物合併至今。

襯托出和服魅力的傳統技術

織屋的工作並非只是生產和服腰帶，更重要的角色是「技術傳承」，也就是在傳統西陣完全分工的作業方式中，在各個製程導入時代的潮流與需求，並將傳統技術傳承給下一代。現在不只是織布工難尋，織造工藝的每個製程都面臨著人口老化和減少的問題。而且隨著科學技術進展，市面上充斥著使用新素材導致布料手感越來越差的和服腰帶。

不過我認爲像和服或腰帶這類成品形狀固定的紡織品，最大的魅力就在於色彩與紋樣。西陣的傳統技術持續爲和服增添獨特的魅力。今後我們也將持續守護西陣的技術與用心，生產眞正有品味的和服腰帶，並把這項技術流傳至下一代，這也是我們的使命。

【摘自平成二十一年一月十四日「西陣腰帶話家常」】

酒井貞治 *SAKAI TEIJI*

一九五二年京都府出生。
一九七一年進入泰生織物服務。二〇一一年就任第四代代表取締役社長至今。著有《生產和服腰帶百科》。

泰生織物株式會社 *TAISEIOR UMONO*

一九五七年和前身「北尾德織物」合併後創立。一直到今天都秉持著西陣織紡織廠的自豪，以「品質」爲最高理念，持續以最高品質的天然素材，活用充滿感性的創意設計以及西陣傳統的高技術力，生產並銷售和服腰帶。
京都市上京区今小路御前通西入紙屋川町 838 － 3
電話：075-461-1539
FAX：075-461-1540
URL：http://www.taiseiorimono.co.jp/

第十五章

龜末廣

比起商品售出的喜悅，
更希望顧客因購買我們的
商品而喜悅。
守護龜末廣的精神

吉田 孝洋

日本和菓子的歷史

和菓子之祖

古墳時代的和菓子指的其實是樹木或草類的果實等，類似現在所謂的水果，如水蜜桃、栗子、柿子、石榴等。有一則軼事傳說與此相關。傳說第十一代垂仁天皇有一次生病時，命令一位名爲田道間守的忠臣去尋找治病聖藥非時香菓。非時香菓其實就是現在所謂的橘子，因其花朵綻放期長，果實又能長時間留在果樹上，樹性強健爲常綠樹種而得名。田道間守花了十年的歲月遍尋中國、印度各地，當他好不容易找到橘子歸國時，天皇早已經駕崩歸天。聽說這位忠臣在爲垂仁天皇獻祭橘子後就追隨天皇的腳步自盡了。這則軼事傳說使得後人尊田道間守爲菓祖神，也就是和菓子之神，將之供奉在兵庫縣出石地區的中嶋神社。

從古代到近代

五七〇年到六二〇年間遣隋使與遣唐使不僅將佛教傳入日本，還將一種名爲唐果物的甜點帶到日本來。七五四年唐僧鑑眞和尚將蜂蜜以砂糖之名帶進日本。進入平安時代後空海和尚傳授人們煎餅的製造方法。平安

京之四季

時代中期後先有了雜餅（雜穀類餅製品），接著日本傳統的和菓子原料如黃豆、紅豆、芝麻、味噌、番薯等和梨子、水蜜桃等也開始廣被運用。

一一九一年榮西禪師首先在博多種植茶樹，創茶道之始，到了一五〇〇年中期以榮西、道元為首的禪宗開始興盛。奠基在禪宗佛教的日本茶道開始盛行，點心也隨之發達。鎌倉、室町時代的點心指的是像中國料理中的糕點或是小茶點，大家可以把它想成是量少精巧的非正餐食物。

一三四一年元朝的林淨因將饅頭的製作方法傳進日本。林淨因皈依在建仁寺的龍山禪師門下，歸化佛門之後因為製作奈良饅頭而聞名後世。據傳奈良饅頭在江戶時代可是風靡一世的知名商品，日後則以鹽瀨饅頭之名販售。

從室町時代中期到安土桃山時代前期，亦即幕府將軍足利義政當政時，建造了許多茶室建築與數寄屋建築[1]這種簡樸精妙的建築，茶道也越來越興盛。這個時期又被稱為南蠻[2]菓子時代，除了點心之外，連熱食、麵類、餅類等都被當成茶點，西洋傳教士也把金平糖[3]傳入日本。到了一五七三年越來越流行進口南蠻菓子，當時進口的南蠻菓子包含長崎蛋糕[4]（Castella）、蛋酥[5]（Bolo）、金平糖、牛奶糖、餅乾（Biscuit）、雞蛋素麵等。同時期千利休的出現使得茶道文化達到顛峰，京菓子也有了飛躍性的發展。一五八七年豐臣秀吉召開北野大茶會，會上分發給賓客的茶點包含了米菓、金飩[6]、羊羹、烤醬油丸子、肉粽、葛餅、蕨餅等。只是因為當時砂糖非常珍貴，所以上述茶點中並未使用砂糖。

安土桃山時代後期到江戶時代之間和菓子更形發展，一五八九年伏見地區的駿河屋首次做出練羊羹[7]，讓當時的人們驚訝不已。上任社長曾經說過本店的練羊羹製作方法可是駿河屋直接傳授。一六一〇年左右庵美大島開始生產黑砂糖，到了進口砂糖的極盛時期，亦即江戶時代元祿享保年間，砂糖也開始成爲日式饅頭、羊羹中的主要原料。當時市面上流通的砂糖量大，和菓子店因此百花齊放，幕府因此在京都選定二四八間和菓子店爲上等菓子屋，更從中指定二十八間爲天皇御用的特定菓子屋。

有職故實[8]、儀式、茶道中所用的京菓子

和菓子的種類

依照製作方法可將和菓子大致分成蒸菓子（現今的生菓子）、燒菓子、半生菓子和干菓子。

蒸菓子中包含大家熟悉的大福饅頭、鶯餅、草餅、荻餅等。萩餅是將糯米與白米混合炊煮之後，用磨缽粗磨一下做成的點心，和牡丹餅一樣都是春秋兩季的彼岸節祭祖儀典上供奉的點心。紅豆飯、上新粉[9]，和端午節慶中的供品柏餅也屬蒸菓子一類。酒饅頭中則有蕎麥饅頭、米饅頭、葛饅頭、栗饅頭、輕羹饅頭等許多種類。至於蒸羊羹、京蒸羊羹、丁稚羊羹等蒸菓子就是大家耳熟能詳的和菓子了。

燒菓子則有銅鑼燒、金鍔（Kintsuba）、櫻餅、長崎蛋糕、練羊羹、生菓子等。關東和關西的櫻餅製作方式不同，關東風櫻餅發源於江戶的向島地區，將麵粉做的餅皮擀薄後燒烤，然後包入日

式紅豆沙餡[10]，外層則包上以鹽醃漬過的櫻花葉。關西風櫻餅則是將糯米蒸熟後曬乾，粗輾成顆粒較粗的熟糯米粉，用這種粉做成餅皮包裹餡料捏成饅頭狀的菓子。

半生果子包含最中（Monaka）、州濱、桃山等。代表性的州濱是用炒過的大豆、青豆輾成州濱粉，再加入砂糖與麥芽糖揉製而成。

干菓子則有打物、落雁、押菓子、燒菓子（煎餅）、糖等。空海和尙流傳下來的煎餅就是龜甲煎餅，是用麵粉加入砂糖和雞蛋，放入鹽竈[11]、芥子粒之後以龜甲模型燒烤而成。

和菓子的原料

和菓子的原料絕大多數都是天然材料，像是紅豆、四季豆等豆類、糯米、米粉、麵粉等穀物類、還有其他芋類、栗、梅、葛、寒天、砂糖等。草餅原料艾草是全日本都有的植物，青森縣、長野縣的收穫量特別多。艾草是在四月到六月之間採收，以綠葉柔嫩健康且草莖處有粗白毛者爲佳。爲了預防採收的艾草變色，採收後的艾草要儘快以熱水川燙，然後加工成粉末狀的乾燥艾草粉或冷凍艾草。

葛是豆科葛屬的多年生植物，可由土中呈肥厚條狀的根莖取出澱粉，也就是我們所謂的葛粉。雖說奈良的吉野葛很知名，但是現在鹿兒島才是最主要的產地，產量占全日本的九十％。

蕨草是羊齒科的多年生植物。深入土壤中又長又橫向發展的根莖內富含優質澱粉。蕨餅是一種和菓子，用蕨粉與水和著砂糖一邊加熱一邊攪拌製成餅皮，再包上紅豆餡而成，最近也有人用番薯粉、木薯粉、葛粉等原料來製作蕨餅。只使用蕨粉製作的傳統蕨餅是略帶茶色的和菓子。

所謂的京菓子

現在京菓子一詞已經成爲在京都製作的和菓子的代名詞。不過這個名詞最早是用來指有職故實、儀式、典禮、茶道中所使用的和菓子，藉此與民間的和菓子做區隔。

京菓子所使用的原料與一般的和菓子相同，而且鄰近地區就有許多優質原料的產地。京都東方有江州生產糯米，北方有丹波生產大納言紅豆、栗子、黑豆、野生山藥。還有愛宕山麓的柚子，備中岡山則可採收到有如珍珠般大的珍貴白色紅豆。若狹和丹波地區是寒天的產地，源自北山的鴨川是非常美味的好水。京都蒙受大自然的恩惠，非常適合製作優質的京菓子。吉野能採收葛草，阿波德島有利用特殊製法精製的砂糖，亦即知名的和三盆砂糖。和三盆砂糖是日本獨有的砂糖種類。

京菓子的誕生與發展背景

皇宮御所位於京都的中心，所以京都也聚集了許多公卿朝臣和武將。另外京都也是宗教都市，有許多寺廟的總寺院都設置於此。不論是皇公貴族或宗教團體舉行祭典儀式時，常會用到和菓子。此外，茶道三大主要流派表千家、裏千家和武者小路千家的掌門人也都居住在京都，和菓子又是茶會上不可或缺的重要環節，因此茶道的發達也帶動了和菓子的發展。

京之十二月

我認爲若要不愧對京菓子之名，就不能夠只是好吃、滿足口腹之欲，更需要能夠滿足人們眼耳鼻舌膚五大感官的需求。若要滿足耳朵的聽覺，就要重視店名、和菓子的命名，也就是說要像吟唱和歌、俳句時一樣，用心靈意識去體會花鳥風月的美感。在視覺方面，我們希望顧客能夠享受到洗鍊的簡約設計，和充滿四季美感的色彩表現。我們也致力於藉由和菓子原料的自然香氣，來誘發顧客的嗅覺感性。我想這些用心之處應該就是京菓子與其他民間的和菓子最大的不同，也是京菓子的特色所在吧！

和菓子與茶之間有非常密切的關係，茶道的美學意識也大大地影響了和菓子。因此和菓子必須要能不卑不亢地配合茶席的氛圍與道具的搭配組合，又要能夠充分傳達出主人精心款待賓客的心意。我認爲只有京菓子才能夠同時滿足這些看似衝突的需求吧。

京菓子中不可或缺的材料

丹波大納言

少了紅豆就無法製作和菓子。紅豆原本應該是從遙遠的中國渡海而來，但是現在我們所使用的紅豆有九成左右應該都來自北海道。不過我個人認爲全日本最好的紅豆是京都北部所產的丹波大納言，說是全世界最好的紅豆也不爲過。事實上本店生產的「龜末大納言」中，紅豆百分之百都是丹波大納言。不過我也聽人說過如果是要做成紅豆沙餡，丹波產的小粒紅豆會比北海道產的大粒紅豆更爲合適。接著引用前任店主所寫的內容，來說明丹波大納言的歷史。

丹波冰上郡非常適合種植紅豆，能夠生產擁有紫玉般光澤的極品紅豆。此地原本是龜山藩、青山氏一族的領地，位於山中，只有非常少數的土地適合種植丹波大納言。寶永二年（一七〇四）青山氏盛讚此地生產的大粒紅豆，它的美味程度遠勝過其他地區生產的紅豆，因此命令村長大量種植。《丹波冰上郡誌》裡記載著藩主將這種大粒紅豆進獻給幕府，後來更成爲進貢給天皇的珍品。

紅色色澤較深的紅豆，看起來就會帶著紫色。帶紫的紅色被稱爲禁忌色，以前是只有身分在大納言以上的人才可以使用的顏色。據說大納言紅豆的名稱由來是「紅豆之紅近似於紅色以上之官服服色，故稱爲大納言」，宮廷內因而爲其命名爲「大納言紅豆」。

丹波大納言的特色包含耐煮且久煮不破、光澤極美，形狀近似盛米的稻草袋、內含糖分，萃取後不留殘渣、口感美味等。其中丹波地區春日町生產的春日大納言，又被認爲是丹波地區最好的大納言紅豆。春日町的氣候非常適合種植紅豆，二百年來所累積的種植技術，至今仍是重要的傳統。

在此跟大家分享一個前任店主所寫的典故。古代大納言是非常高的官位，即使在宮廷內拔刀也不需要接受切腹處罰。春日大納言紅豆豆如其名，具有久煮不破（不用切腹）的特徵，所以才會被命名爲大納言。

備中的白色紅豆

白色紅豆售價極高，大小有如女性耳環上的小珍珠，而且種植非常困難。大部分的白色紅豆都產自備中、岡山地區，丹波地區也可種植。可惜因爲它非常難種，無法大量生產。

天武天皇時期吉備之國被分爲備前、備中、備後三地，而備中的白色紅豆就是當地的特產品。在海拔四百到五百公尺仍能保持溫暖的吉備高原，農耕盛行，流經高原斷層地帶的高粱川帶來的水蒸氣，再加上農家們苦心鑽研並累積的農業技術與豐富經驗，才能夠種出優質的白色紅豆。白色紅豆可做成和菓子所使用的白豆沙餡。白豆沙餡一般都是使用豇豆、四季豆、白色四季豆（手亡豆）、菜豆等製作，但無論是風味、香氣與色澤，都不如備中產的白色紅豆。紅豆不但富含蛋白質與碳水化合物，還有內含維他命生素B_1與B_2的皀素可幫助排便。

和三盆砂糖

你可能聽說過京都的菓子店都使用和三盆砂糖的傳說。本店自古至今也都使用和三盆砂糖。

和三盆砂糖是距今二三〇年前，讚岐國（現在的香川縣）的向山周慶應用榨酒的手法而製造出純日本產最高級的白砂糖。和三盆砂糖在周慶的苦心研發下於此地問世，之後以自古以來的製糖手法，將有如藝術結晶的香醇風味與高貴香氣流傳至今。

和三盆砂糖由製作到完成製程繁瑣，需要投入非常龐大的心力。首先大約在十一月下旬等到春天種植的甘蔗樹長得比人

製造干菓子時的木製模型

高的時候，就要採收。採收後先要削去苦澀外皮，把甘蔗放入榨汁機榨出糖液。糖液放入大鍋內煮沸取出浮泡後，用另一只大鍋煮到一百度以上的高溫，一直熬煮到乾之後就是和三盆砂糖的原料白下糖。煮好的白下糖放在木管中熟成兩週之後，再塞到布袋裡面。然後用傳統被稱爲押舟的道具，利用石頭的重量和槓桿原理，由布袋內的白下糖壓榨出糖蜜。這項作業每次只能榨出一點點的糖蜜，必須重覆很多次。接著進入分離作業，由熟練的師傅們細心地將糖蜜分離爲糖和蜜。這項作業最需要技術，通常都是在隆冬時期作業。在多次反覆壓榨和分離的作業後，就可得到又白又細的和三盆砂糖。最後將乾燥的和三盆砂糖過篩，就可得到顆粒大小均勻的和三盆砂糖。

製作和菓子的道具

製作和菓子的道具當中，値得一提的是木製模型。本店有二百多年的歷史，而且原本就是以製造干菓子起家，所以製造干菓子的木製模型可說是鎭店之寶。每家店都有足以代表自家商店的木製模型，只不過我想現在的木模雕刻師傅應該無法雕出種類如此多的模型。

製造和菓子時所使用的木製模型有各式各樣的的大小尺寸，本店大多使用小型木模。木製模型是將乾燥十年以上的櫻樹，由木模雕刻師傅依照顧客的訂單需求雕刻而成。櫻樹質地既堅硬黏性又強，越使用越能形成柔和的曲線，製造出高雅又別有一番風味的和菓子。將熟糯米粉加上砂糖與蜜拌勻後，緊緊壓入木製模型中，等塑型成功之後脫模乾燥，就是名爲落雁或押物的干菓子。寒雀木模據說是知名日本畫家竹內栖鳳大師所設計。茶筅松木模則刻著葉片與帶花蕊的花朵，稻穗木模連粗糠殼上的紋路都仔細地描畫出來。至於御所菊木模則展現出菊花高貴的姿態，細細刻畫出大量的花瓣與花房。

✕ 關於龜末廣 ✕

代表性的和菓子

「京之四季」是龜末廣的招牌商品，一年四季都可品嚐得到，又有四疊半[12]的別名。這是內含干菓子與半生菓子的禮盒，製作起來極費工夫，是能夠滿足顧客五大感官需求的甜點。除了美味還耐久存，而且每一種菓子都以不同的原料製作，呈現出繽紛的色彩。禮盒正中央的位置放上以米為芯的金平糖等。禮盒內還有有平糖、片栗物、生砂糖、州濱、和三盆砂糖等，用來表現四季花鳥風月的求肥、松露、落雁[13]。盛放和菓子的禮盒以秋田杉來製作，這點小小用心就是希望能夠讓和菓子自在地呼吸。希望您能仔細端詳我們的和菓子，充分享受到季節流轉的感受與視覺的饗宴。

其次是「京之十二月」，平常幾乎買不到。本店會在十一月前開放接單，然後在年底十二月十三日的迎新大掃除開始以後到年底之間交貨，是必須預訂才買得到的商品。內容物幾乎全都是干菓子，能夠保存約三週。這項商品是以純干菓子來描繪京都代表性的節慶儀典，並區分月份各以小盒盛裝，再放入禮盒中。禮盒是請以江戶千代紙聞名的伊勢辰來製作，這是因為伊勢辰的已故前社長與本店前社長有深厚交情，才請得到伊勢辰為本店製作禮盒。

一月（睦月）的和菓子代表的是，皇宮御所正殿左右方種植的櫻花與橘子；二月（如月）的和菓子代表著伏見稻荷神社的鳥居、神木與土鈴；三月（彌生）的和菓子代表著圓山公園的櫻花與田樂；四月（卯月）則代表著京城舞的舞妓和服腰帶與光明糯米糰；五月（皐月）是嵐山的竹筏與綠色楓葉；六月（水無月）是苔寺的青苔與枯松葉；七月（文月）是祇園祭；八月（葉月）是大文字山五山送火和流水、細石；九月（長月）是照耀著高台寺萩花的圓月；十月（神無月）是時代祭典行列中的旗幟與花紋；十一月（霜月）是高雄山神護寺的除厄瓦片與紅葉；十二月（師走月）則是純白積雪下的水庭、松葉與細石，籠罩著靄靄白雪的金閣寺。這項商品必須到店親取不寄送。

「千歲」這種懷中汁粉是第四任店主在明治初期發明的甜點，只要淋上熱水就可以吃到熱騰騰的紅豆湯圓。這是將原本正月食用的善哉紅豆湯圓改良成夏季也可食用的精心設計，據說當時被認為是消暑聖品而大為流行。製作這項商品必須在二月時搗好麻糬，並擀成直徑二十公分左右的圓形後保存起來，製作時用熱蒸氣來蒸軟後包入紅豆餡，再捏成烏帽狀，最後用瓦斯略微燒烤，留下美味的燒烤痕跡。成品長十一公分、寬十公分，體積龐大，連內部的餡料都煞費苦心。食用時將懷中汁粉放入大型的容器中，淋上熱水，依照您的喜好等待三到五分鐘左右即可享用。這項商品原本是冬季販售的商品，本店則是在六月下旬到九月中旬間限量販售。

龜末廣的歷任店主

現在本店的商號是龜末廣，但當初創立時的商號則是龜屋末廣，首任店主龜屋源助原本在伏見的醍醐地區鑄造茶釜[14]。他立定志向之後赴京奮鬥，文化元年（一八〇四）於烏丸五條通上開始經營菓子店，據說這就是本店的起源。創業不久之後店址就遷到現址烏丸姉小路上。首任店主在四十二歲離開人世，由第二任龜屋源助繼承本店。第二任店主雖然有親生兒子，但是兒子卻以「個性不適合經營菓子店」為由，拒絕繼承家業，而由曾任宮中總管的中村吉右衛門接任第三任店主。結果也許是因為到新的地方水土不服，第三任店主中村吉右衛門居然在三十二歲英年早逝。結果還是由原本應該成為第三任店主的第二任店主親生兒子接棒，成為第四任店主。

第四任店主生性好風雅喜藝術，這種人格特質也充分反映在他的經營方式上。第四任店主建造的庭園就是一個好例子。當時本店由姉小路通車屋町角到御池通一帶，占地面積約五百坪，結果庭園就占去三分之二的面積。第四任店主在庭園中規劃了水池，搭了太鼓曲橋，在這裡享受划船的樂趣。當時購買和菓子的顧客也僅限於公卿朝臣和武將等少數特定階級的人，主客們就把和菓子融入遊興文化中，把和菓子名稱的歷史起源變成深度文化競賽的題材，賓主同歡。

直到第三任店主為止本店都使用龜屋末廣的商號，之後才把註冊商標改成龜末廣。改商號最主要的理由，聽說是因為很多菓子店的商號都是用鶴屋、龜屋、笹屋等開頭，為避免大眾混淆才決定改名。從龜末廣的第五任店主開始，店主會使用自己的本名。第五任店主為吉田吉治郎，也是龜末廣極盛時期的店主。聽說當時本店為京都所有的神社、寺廟佛閣、料亭提供和菓子，每到黃昏內廳的和菓子禮盒堆積如山，甚至會遮住由廳內眺望庭園的視野。第五任店主的色彩感覺非常敏銳優秀，和許多日本畫畫家私交甚篤。現在龜末廣商品之所以能有繽紛的色彩表現，全都是拜第五任店主所賜。

繼承第六任店主的是吉田弘造。我是從第六任店主手上接下經營權，也是他帶領我進入和菓子世界的堂奧。我覺得他是一個非常純眞的人。我甚至親眼見過他拒絕將和菓子賣給認爲有錢能使鬼推磨的顧客。他認爲我們眞心誠意製作的商品，應該賣給懂得鑑賞也願意鑑賞的顧客。大戰中本店曾經停業八年。據說這是因爲他拒絕使用在黑市流通的非法砂糖來製作和菓子。後來會再重新開店營業，聽說也是因老主顧熱心地來拜託他的緣故。戰後當時有技術的師傅們四散各地，只有一位老師傅回來工作，於是他雇用了三位剛從國中畢業的年輕人，和家人一起重振事業。也正因如此第六任店主認爲生意不能做得太大。他最重視顧客和店家之間的溝通，所以聽說當時他一一去拜託過去有來往的神社、寺廟佛閣、料亭，請顧客們再上門光顧。

我本人則是特別重視客人來購買本店和菓子的機緣和心意，要求自家商品必須有讓顧客滿意的品質，也因此在製作菓子時，我還會考慮到顧客們食用的時機。前任店主常說「食物都有最適合享用的時機，沒有比看到食物在最美味的時間點被顧客品嚐更讓製作者高興的事了！」

跟著前任店主學習雖然只有短短的三年半，但我從他那裡學到了所有做生意的道理。當然有些東西當時我還無法理解，但是從起床到就寢爲止的時間，我都和前任店主一起工作，他非常仔細又客氣地傳授所有做生意的道理給

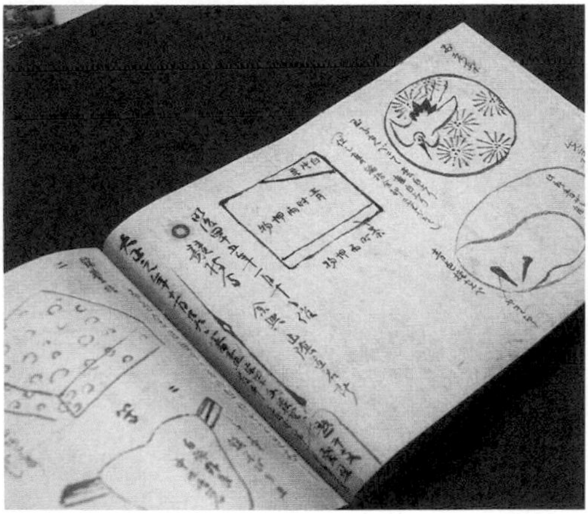

敕題菓略圖

我。這段時間也可說是我人生中最珍貴的時光。前任店主可說是一個與和菓子戀愛、熱愛和菓子、與和菓子共度一生的人。他雖然因癌症末期而病逝，但是他的人生哲學非常能引起我的共鳴。我畢業於藥科大學，曾經在製藥公司上班，因緣際會娶到他的獨生女，從而踏上與藥品完全不同的世界，至今也將近四十個年頭了。沒有前任店主就不會有現在的我。前任店主是我身為經營者的最佳學習典範。

代代傳承的製菓理念

龜末廣特別重視四季變換。第四任源助設計了許多充分反映花草意象，同時色香味俱全的和菓子。據說那正是現代干菓子的原型。在前任店主的創意巧思下而有了「京之四季」干菓子禮盒，內含約二十種可表現四季風情的干菓子，可謂傑作。至於「京之土」這款風雅煎餅，則是前任店主在高山寺散步時，看到落在步道石上的一片紅葉後，激發創意苦心研究的成果。

每一粒和菓子都是創意的結晶，才得以獲得顧客的信任，因而在江戶時期才能獲准出入皇宮御所與二條城，這是非常榮譽的事。德川幕府發行的砂糖執照也是榮譽的佐證。另外本店裡還留存著一本名為《敕題菓略圖》的食譜。那是歷代店主在店內舉行創意競賽的紀錄，以每年的生肖動物或是特定議題為主題，讓師傅們發揮創意製作和菓子，優秀作品可獲得獎金。當時和其他菓子店之間的競爭較少，食譜中詳實記錄了這些品評會上的各式優秀作品。今後本店仍將秉持真心誠意，為了每位愛護我們的老顧客和新顧客製作和菓子。

【摘自平成二十三年九月七日「京菓子的精彩與魅力」】

吉田 孝洋 *YOSBIDA TAKABIRO*

一九四一年生於京都府。

一九六八年自東北藥科大學畢業後，任職於山德士（Sandoz）藥品公司，一九七一年進入龜末廣服務。

一九七五年接任第七代店主迄今。

龜末廣 *KAMESBUEBIRO*

一八〇四年由原伏見醍醐地區的釜師，亦即第一代龜屋源助創立。過去受二條城德川家與皇宮御器重，常接到特別訂單，是一家有光榮歷史的京菓子老店。特別值得一提的是招牌商品「京之四季」，這是一款色彩繽紛的禮盒，內容物包含半生菓子與干菓子，又有「四疊半」的暱稱，受到許多顧客喜愛。內容物會隨著季節變換，每次打開禮盒的瞬間都很令人雀躍。

京都市中京区姉小路通烏丸東入ル

電話／Fax：075-221-5110。

第十六章

芋棒平野家本家

持續、傳承、累積。
一子單傳守護著傳統技能與口味

北村 真純

✕飲食與人類的關係✕

人類的祖先出現在地球的時間，據說約莫是三百萬年到五百萬年前。之後飲食和人類就具有密切的關係。對當時的人類而言，飲食這個行爲只是動物的本能，單純就是要塡飽肚皮滿足食慾而已，和動物呑食誘餌沒有差別。但是在偶然的某個時間點，人類學會了用火。有了火就可以煎烤或烹煮，讓人類的飲食行由原本的動物呑食誘餌，進展至料理食物。經由使用食鹽等調味料或辛香料，豐富了料理手法和飲食內容，甚至開始注意到食器的美感以求裝盤美觀，制定飲食相關儀式與禮儀，正式揭開飲食文化的序幕。人類之所以不同於其他動物，不正是因爲人類擁有飲食文化嗎？

我認爲孕育飲食文化有三大要素。第一要素是氣候與風土。在這個世界上，有些國家四季皆熱，也有些國家極爲寒冷；有些國家位於沙漠般的乾燥地帶，也有些國家是位於熱帶雨林中，當然也有國家像日本一樣，得天獨厚地享有四季分明的環境。即使是像日本這種得天獨厚的國家，沿海地區和內陸地區的氣候也有差異。如同「Food is 風土」（食物是風土）這句俗語所言，土壤、水分、溫濕度等自然環境會大幅影響飲食文化的形成。

第二要素則是政治與經濟。若說政治是一時期的權力結構，那麼經濟就是環繞這群權力結構的財力。權力與財力這兩個要素一直都是提高飲食文化品質的重要推手。

第三要素則是歷史因素。歷史是智慧累積的結晶，飲食的歷史甚至可說是人類智慧的歷史。在上述三大要素複雜地交互影響之下，各個國家地區都發展出自己獨特的飲食文化。有人說只要看看料理，就可以知道該國飲食文化的水準。飲食文化正是觀測一個國家的指標。

※關於日本料理※

日本料理的演變

據說日本料理的起源是神饌，也就是所謂供奉給神明的食物。時至今日全日本各地的神社仍把供奉神饌視爲日常工作，家中有日式神桌的人應該也是每天都有供奉神饌。神饌的內容從水、鹽、米、酒、麻糬、到山珍海味都有。

進入平安時期後貴族階級的飲食生活開始出現形式，之前的宮廷料理則確立爲有職料理（宮廷料理）的形式。據說這個時代奠定了日本料理的基礎。這種論點的佐證之一，就是被尊爲日本料理祖師爺的藤原中納言山蔭卿（藤原山蔭），他出生於平安時代初期、西元八二四年。藤原山蔭又被稱爲菜刀之祖，因爲他刀功卓越，擅長割烹料理，終生以料理爲職志並集料理技巧於一身。其實藤原山蔭也是八五九年時受奈良地區春日神社（現今的春日大社）之託，到京都吉田山創建吉田神社的人。若從東山通沿著近衛通往東邊走，沿著吉田神社的參道階梯爬到頂端，就可以看到一個廣場，廣場山邊就有鹿的雕像。據說這個鹿雕像影射的，就是吉田神社和春日神社之間的關聯。順帶一提的是昭和三十四年（一九五九）是吉田神社創建一一〇〇周年，家祖父以吉田神社的奉贊會長之職，登高一呼獲得以京都料理組合（同業公會）爲主的全國料理業界人士響應，成功地在吉田神社的境內創建了山蔭神社。山蔭神社的地點是在連接本宮與大元宮的參道中間位置。每年五月山蔭神社定期舉行祭典，今年（二〇〇九年）正是第五十周年。

在鎌倉時代出現了武士階級，佛教思想也在日本社會生根，精進料理（日式素食）因此誕生。據說這個時代也是料理師傅正式登場的時期。到了南北朝時代武家社會開始形成貴族，納入形式主義、儀式主義的概念，而有了本膳料理。據說這個時代也是料理界各門派誕生，飲食禮儀確立的時期。後來進入室町時代，隨著茶道的興盛，也出現了懷石料理。然而時下的懷石料理常常被人拿來和會席料理混爲一談，明明完全和茶席無關，欠缺茶懷石的主體架構，卻打著懷石料理名號做生意，每每看到我都覺得有些遺憾。

到了安土桃山時代，南蠻料理與中國料理傳入日本。進入江戶時代後普茶料理、卓袱料理誕生。普茶料理是中國式的精進料理，以黃檗山萬福寺爲據點流傳；卓袱料理則是和風化的中國料理，以長崎爲主要據點。江戶時期中葉，明和八年（一七七一）江戶首座會席茶屋出現在深川的州崎地區。該茶屋商號爲升屋，史料記載店主是從京都圓山延請而來的「升屋祝阿彌」，店門招牌上寫著望汰蘭（Boudara）三個字。寫下這幾個字的人是松平南海，也是松江藩主松平不昧之父。據說不昧這個人相當灑脫不羈，他父親南海的瀟灑程度也完全不輸給兒子。當時「Boudara」這個望汰蘭的同音字在江戶其實是指醉漢的意思，南海居然帥氣到以此爲哏寫在招牌上，這件事情也就這麼被江戶時期的滑稽繪本作家山東京傳收錄在自己的書裡了。此外，江戶風俗與文學研究者的三田村鳶魚也在自己的隨筆集《漫步》中，寫著望汰蘭這塊招牌被保存在深川八幡（富岡八幡宮）中。

二十五年前我曾經親自造訪深川八幡，卻很遺憾地聽說這塊招牌已經在東京大空襲時焚毀。

在升屋這家會席茶屋出現在江戶地區約半世紀之前，據傳京都圓山地區安養寺院內的小寺廟已經出現許多以「○○阿彌」爲名的宿舍了。現在安養寺到長樂寺的途中還可看到一間名爲左阿彌的料理屋，只有名稱還可一窺昔日風華。

京都讓日本料理更形優雅

據傳日本料理的原點是宮廷的有職料理（宮廷料理）、寺院的精進料理和茶道的懷石料理，而孕育這些料理的搖籃則正是我們所居住的京都。千年以來京都一直是日本王城的所在地，不僅是以朝廷爲生活重心的公卿朝臣和權貴們居住的都城，也是全日本人材、貨物、金錢的匯集中心。衣食住都在風雅的京都之水淬鍊後更形優雅，流傳至今成爲獨特的京物，有職料理也是其一。

此外京都有許多寺廟，也聚集了許多宗派的總寺院。例如平成二十三年（二〇一一）舉辦過法然上人八〇〇年忌的知恩院就是淨土宗的總寺院，同年舉辦親鸞上人的七五〇年忌的本願寺則是淨土眞宗的總寺院。將精進料理發揚光大的禪宗有許多總寺院，從京都的南邊起數來包括東福寺、建仁寺、南禪寺、相國寺、大德寺、妙心寺、天龍寺都是。其他宗派也一樣。京都有許多總寺院，也成爲培育精進料理的最佳溫床。懷石料理也是一樣，京都除了聚集了茶道三大流派表千家、裏千家、武者小路千家外，甚至還有古風的藪內流。

關於京料理

京料理的原點

日本料理的原點有職料理、精進料理和懷石料理同時也是京料理的原點。用簡單的一句話來說，京料理就是用眼睛、耳朵和舌頭來品味的料理。京料理最大的特徵應該就是巧妙組合以當季蔬菜爲主的食材，用清淡的調味來突顯食材本身的鮮味，重視食材天然色澤及食器與料理的調和。

京料理的發展背後有幾個重要推手。其一就是各行各業的百姓，指的就是在現今的傳統產業如西陣織、友禪染、陶磁器、漆器等手工業辛勤工作的師傅們、販售這些手工藝品的商人、與追求風雅購入這些藝品的人們。當然也不能忘記五大花街的存在。不過最重要的推手則是在京都近郊種植蔬菜的農家們，他們開發

芋棒平野 家本家

出優秀的耕種技術，提供品質與風味俱佳的蔬菜，成為京料理發展的磐石。

由這個角度來看，我們可以說京都上至朝廷下至農民，所有居民都站在各自的立場，培育並支撐著京都飲食文化與京料理。

京料理的食材

京野菜指的是農民們善用種植技術與京都好水和肥沃的土壤，讓各方進貢宮廷或僧侶攜帶回京的農作物在京都落地生根，成為品質風味俱佳的蔬菜。目前已有三十七種蔬菜登錄為京都傳統蔬菜。京野菜孕育出京料理，這應該不是言過其實的說法。

其次應該要提到的食材是「一鹽物」，也就是以少許鹽醃漬的魚貨。現今交通運輸發達，市面上隨時可買到新鮮的魚貨，但是古代並沒有這麼好的基礎建設做後援，漁民們必須在海邊先以鹽醃漬魚貨，長時間運送時才不會腐敗。這些在海邊醃漬的魚貨到達京都時，正好是鹽分適度滲入全體魚身的最佳狀態，京都人就把這些魚貨用在料理上。其中，最具代表性的一鹽物是經由鯖魚街道運來的鯖魚。鯖魚的知名程度，可以從「秋鯖や　若狹生まれの　京育ち」（秋鯖者　生於若狹　長於京都）這俳句來窺知一二。自古以來京都人都把鯖魚當成是代表吉慶的食物，是各種祭典不可或缺的食材。除此之外還有若狹鰈魚、若狹甘鯛也都是知名的一鹽物。

接著必須提到的食材是乾貨。京都距海遙遠，所以乾貨是很貴重的儲備糧食。棒鱈即是最具代表性的乾貨。另外鰊魚乾也很有名，是製作鰊魚蕎麥麵時的重要食材，調理時會先去腥味後再調味處理。大家日常在家中使用的荒布（一種海藻）與鹿尾菜也屬於乾貨。

在距海遙遠的京都，日常使用的食材中河魚占了很大的比例，例如鯉魚、鰻魚、鯽魚、香魚等。現今的京都料理店中有些過去還是河魚料理專賣店。值得一提的是在那個新鮮活魚難以運到京都的時代，生命力超強的鱧魚（海鰻）可說是唯一可以活著來到京都的魚種。如同大家所知鱧魚有許多小魚刺，為了享用這種魚還發展出千刀寸[1]的料理技巧。迄今鱧魚仍是祇園祭上不可或缺的食材。

最後要提到的食材是湯葉（腐皮）和麩（麵筋）等加工食品。麩有乾燥的麩也有生麩。豆腐與漬物等也是京料理的食材。聽說在京都產銷漬物的大小商家有一〇一家之多。

京料理的技術

京料理的特徵之一就是清淡調味。清淡的調味可以充分突顯食材原味，原本是為了突顯京野菜的特殊風味而使用的細緻調味手法。有些人或許會誤以為清淡調味等於清清如水，其實並非如此。京料理的清淡調味指的是雖經充分調味，仍能完整突顯出食材原味的調味手法。

其次是和諧的風味。這是指巧妙搭配調性相合的食材，是京料理界先人的經驗與智慧結晶的料理手法。透過食材搭配的巧思，不僅可以品嚐到每種食材的原味，還能產生調和和諧的美妙風味。本店招牌商品「芋棒」中，使用海老芋和棒鱈的組合就是箇中經典。其他絕妙組合像是鰊魚與茄子、青鮒與白蘿蔔、海帶芽與竹筍等等，不勝枚舉。此外，醋也是不可遺漏的大功臣。京料理常常使用到醋，聽說京都的醋消費量是全日本第一。當然鯖魚壽司也會用到醋。

現今全日本到處可見的鱧魚「千刀寸」刀法，也是京都誕生的料理手法。

使用京都原創的烹飪技術來調理京都在地的食材，我想這就是所謂京料理的眞髓。有一個名詞是「土產土法」，指的正是用這塊土地上發展出的獨特手法，來處理在地的產物和資源。我認爲京料理正是這個理念的落實。

「芋棒」發祥店

由來

「芋棒」這個名稱，是從原料食材的海老芋與棒鱈當中，各自取了「芋」和「棒」兩個字組合而成，也是我們的註冊商標。

距今三百年前江戶中期的元祿至享保年間，本店首任店主平野權太夫利用在天皇御所奉公値勤的閒暇時間，自行種植了一些菊花與蔬菜。某日，青蓮院殿下出巡到九州，將唐芋帶回京都。首任店主試著在圓山地域種植唐芋，結果成功種出品質優良的芋頭。這種芋頭形狀酷似熱水燙熟後蜷曲且有條紋的海老（蝦子），因此取其形意而命名爲海老芋。首任店主將這種海老芋與進貢宮廷的棒鱈組合在一起，反覆鑽研後終於研究出獨特的料理手法，「芋棒」於焉誕生。首任店主因此辭官，得到天皇御賜平野家的商號並開始經商，到我這一代已經是第十四代，代代沿襲一子單傳的傳統，守護著「芋棒」的料理手法與風味。

菊花栽培與「芋棒平野家」

先祖代代都從事菊花栽培的工作，其中最投入植菊的人非第十二任店主的家曾祖父莫屬。當然家曾祖父也負責本店的經營管理，但他同時也花許多心思在植菊上面，甚至因此有了菊保的字號。明治十六年（一八八三）出刊的刊物《都之魁》中曾以圖畫來介紹當時京都各行各業的商店，本店也是其一。當時的本店是一棟二層樓高的料理店，庭院種滿了菊花。該建築物原本是建在今日的圓山公園池塘東側，但已被明治三十九年（一九〇六）四月七日的一場無情大火吞噬。當天是日俄戰爭剛結束後的某日，本店接到在岡崎公園舉辦的戰勝慶祝大會外燴料理的訂

芋棒

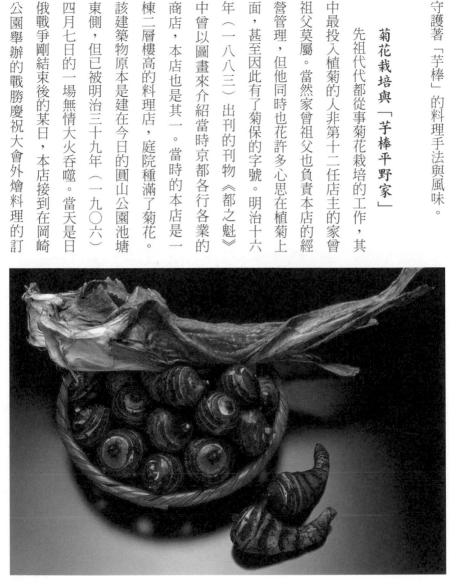

單，家曾祖父正在外燴現場指揮工作時，店裡突然失火。十一天後同樣位於圓山的也阿彌旅館也被大火吞噬。隨後本店選擇在原址北邊接近知恩院交界處的藤棚地區重建，可惜這家店也在昭和四年（一九二九）慘遭祝融之災，珍貴史料付之一炬。關於家曾祖父本人有幾件軼事，跟大家分享其中一件。某天晚上宮廷舉辦晚宴招待各國大使、公使們。晚宴中德國公使看到放在桌上裝飾的菊花，就問：「這是日本的國花菊花嗎？」隨侍在側的式部官回答：「是的。」以實事求是的民族性聞名的德國公使再追問：「那就奇怪了。明明日本皇室的菊花家徽是十六瓣的菊花，這菊花的花瓣怎麼這麼多？」式部官爲之語塞。第二天就開始著手尋找十六瓣菊，可是在東京卻遍尋不著。宮內省也發函詢問京都府，當時的京都府知事於是進行相關調查，最後終於打聽出平野家有栽種十六瓣的一文字菊。當時花季已過花已凋零，但是東京方面還是特別派人來確認，並請家曾祖父前往東京傳授一文字菊的栽種方法，家曾祖父因此上京。後來家曾祖父覺得民間種植皇室的十六瓣一文字菊恐怕多所冒犯，就將所有一文字菊全進獻皇室了。我想現在東京新宿御苑裡面也許還種著這些一文字菊。

✕ 傳承守護「芋棒」 ✕

原料——海老芋

海老芋是京都的傳統蔬菜。現在主要種在京都南部的加茂町、精華町、京田邊市等地。海老芋的收穫量並不多。有一段時間爲了振興京都傳統蔬菜農業，官方還提供農家補助，但是受限於海老芋非常難種又花工夫，人才斷層現象嚴重，收穫量還是無法突破現狀。最近在京都北部的京丹後市彌榮町也開始種植海老芋，我也抱著很高的期待。目前京都市面上的海老芋大多來自靜岡縣磐田地區。回想二、三十年前靜岡的業者把海老芋的試產品送來本店時，海老芋質地和竹芋一樣粗，形狀也不像傳統的海老芋會彎曲，因此當時本店無法採用靜岡的海老芋做爲原料。然而由於靜岡農家每年努力地改良，現在的靜岡海老芋品質相當好，也是本店的原料來源之一。不過本店的海老芋主要來自大阪的富田林地區。富田林地區自江戶時代就開始種植海老芋，芋頭質地細緻，是海老芋中的最高級品。

本店使用的海老芋由農家採收後產地直送，因大小不一，調理時需搭配使用。海老芋並非全年都可收成，產期從十月下旬開始。爲了保存，農家會把挖出來的海老芋再埋進土裡，每次只取用需要的分量。這樣可以確保到四月底、五月初前都有海老芋可用。之後只好使用形似海老芋的白芋爲原料。可是夏天也不產白芋，所以夏秋只能使用里芋取代。

農家在三到四月間種下種芋，到了夏季種芋上就會長出小芋，就好像是蟬停在樹上一樣。如果放著不管，小芋不只長不大，形狀也會變醜，所以必須塞土。所謂塞土指的就是在種芋和小芋之間塞入土壤，在盛夏時分必須重複這項作業七、八次。小芋因爲離開種芋而得以成長茁壯，一般就形容這是「蟬蛻變爲海老」的過程。種植期間必須注意水分管理，到了一定的時期還必須切斷種芋的莖，以確保小芋能吸收到養分。而且海老芋收成後的土地最好休耕十年，至少也必須休耕六、七年，才能讓土壤休養生息，所以要種植海老芋必須有大面積的農地，這可能也是海老芋的生產量停滯不前的原因之一。

海老芋的特徵是含有大量的黏蛋白（Mucin）。據說黏蛋白可以保護胃的黏膜幫助消化，消除疲勞。

原料——棒鱈

棒鱈是最乾硬的乾貨。如同大家所知，鱈魚是冬季的魚種，盛產期是一月到二月左右。鱈魚又有太平洋鱈魚和狹鱈兩種。狹鱈會被拿來製作魚板，而魚卵則被用來加工成明太子。本店使用的棒鱈是太平洋鱈魚的魚乾。太平洋鱈魚的產卵期在嚴寒時期，此時也是牠身上的油脂最豐厚的時期。漁場位於北方四島、齒舞、色丹、國後、擇捉等島四周，特別是這些島的太平洋側海域是最佳的漁場。最近日本漁民與俄羅斯企業合夥捕魚，據說為了防止漁民濫捕，俄羅斯監察員還會登船同行。

北海道根室市是捕鱈漁船最主要的基地港。捕鱈漁船從根室市出海前往北方四島附近的漁場捕魚。捕魚方式有延繩釣法、底拖網捕撈法、刺網捕漁法三種。後兩種捕撈法因為容易造成魚身受損，影響魚貨鮮度，因此一般來說延繩釣法是最好的方法。

棒鱈大都在稚內加工。加工時首先要剖開太平洋鱈魚的魚身，剖開鱈魚的方法很特別。先從魚腹切開，取出公魚體內的精囊或母魚體內的卵巢。卵巢通常經過烹煮調味之後，是學校營養午餐等的常見菜色。精囊就是大家熟知的「雲子」，可以做爲火鍋料，也可以用醋醃漬後食用。至於其他的鱈魚內臟一律丟棄不用。不過我聽說山形地方有將魚肝等和魚肉一起放入火鍋內食用的風俗。另外還必須將魚頭連著魚刺一起取下。這就是要製作棒鱈的特殊剖魚方法。這項作業是在室內進行，不過可是在嚴冬酷寒時動員許多女性來進行的作業。

接著就要風乾太平洋鱈魚。以往都是在大太陽底下曝曬風乾，現在則分成三個階段作業。首先是一次乾燥，在室內的乾燥室內以溫風吹三、四天初步乾燥。其次是二次乾燥。這項作業也是在室內進行，將鱈魚從溫風乾燥室中取出，改以冷風乾燥二十到二十五天，讓魚身達到七、八成乾的程度。北海道地區居民將冷到會結冰的天候狀態稱爲「結凍（Shibareru）」，如果天氣不會冷到要結凍的地步，聽說就會把二次乾燥的程度控制在五到六成乾，然後延長三次乾燥日曬的時間。最後的三次乾燥就在室外進行。把鱈魚放在室外的

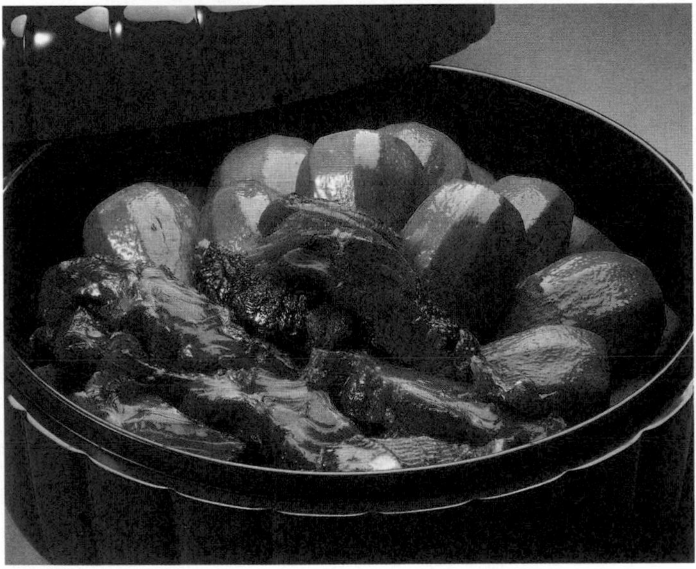

海老芋與棒鱈

木製棚架上日曬風乾，大概約需要四週的時間。如果已經完成二次乾燥，就不太會受到天候狀況的影響，不過如果雨連續下一週，還是會讓業者相當頭疼。從一次乾燥到三次乾燥約需花費兩個月進行乾燥。成品重量聽說只有新鮮鱈魚的十分之一左右。

乾燥作業完成後會將棒鱈移入倉庫內，覆蓋上塑膠布待其熟成，直到夏季來臨前。等到夏天天氣變熱後，就把棒鱈移到冷藏倉庫保管到秋季競標前。京都照例都在十一月上旬舉辦棒鱈競標大會，但是對製造棒鱈的業者來說，由前一年的十月出海捕魚開始，再經過乾燥、熟成保管，可是整整花了一年工夫，才能等到今年十一月的競標出售。現在大型棒鱈製造公司僅剩四家，競標會場上的棒鱈量也只有十年前的三分之一。棒鱈極盛時期原本有兩百噸的交易量，但去年僅剩二十六噸。我認為交易量的減少是受到需求量減少的影響。以前日本人過年的時候，家家戶戶一定會煮棒鱈料理應景，但現在卻很少人這麼做。當然交通運輸的發達，讓一般人也能輕鬆買到並烹調新鮮鱈魚，這或許也是棒鱈需求減少的原因之一。

芋棒的調理方式

調理芋棒的方式如下：首先用專門的面取菜刀[2]切掉海老芋的頭部，去皮切半。另外棒鱈要先泡軟備用。要將棒鱈泡軟冬天約需七至十天，夏天也要五至七天，而且要每天換乾淨的水，直到魚身變軟為止。夏天當然用冷水泡，冬天也要在水裡加入冰塊，用冷水泡。如果直接用溫水來泡棒鱈，煮好後風味會變差。製作棒鱈要花上兩個月的時間來乾燥，所以泡軟時也要有耐心慢慢泡。棒鱈也只有在泡軟後才能分辨出品質優劣。

調理芋棒時一次烹煮一百人份。先將海老芋和泡軟的棒鱈切成適當大小後放入大鍋內，並倒入昆布與柴魚煮出的一番高湯[3]，以灶火熬煮一天一夜。在熬煮的過程中要隨時撈起浮出的油泡殘渣，並看準時機加入調味料。調味料只使用砂糖和醬油。另外還有本店的特製調味料，我們稱之爲「熟悉的味道」。

前面介紹過京料理獨特的料理技術之一，就是和諧的風味，讓原本產自南方的海老芋，和產自北海道的棒鱈在京都相會，產生和諧的風味。

這兩種「食材」本身也具有互補的特性。例如：棒鱈雖然切成小塊，但魚肉裡可能還是留有一些小刺，芋頭裡面的灰汁剛好有助於軟化魚肉和魚刺。而熬煮棒鱈溶出的膠質則會包覆在芋頭表面，防止芋頭變形，又能讓鱈魚鮮味入味。正是因爲這兩種食材可以個別發揮出自己的特性又互相截長補短，才能創造出「芋棒」這種全新的料理風味。本店稱之爲「夫婦煮」。以前常有顧客選在本店相親，就是希望取芋棒食材互補之意，成就美滿姻緣。

持續守護芋棒這道料理的心意

本店傳到我手上已經是第十四代，由首任店主至今我們一直堅守一子單傳的傳統來守護芋棒這道料理。《宮本武藏》一書的作者吉川英治先生曾經稱讚我們：「百年傳承的口味中，藏著令人吟味百年時間的風味」。

諾貝爾文學獎得主川端康成先生也曾親筆寫下「美味延年」四字，讓我們銘感五內。爲此我們不僅感受到守護京都名產的榮譽感，也深刻認知到傳承京都飲食文化的使命感與責任感。

我一直把「持續、傳承、累積。」放在心上。「持續」就是要將祖先代代傳承至今的東西流傳後世。俗話說得好，「青春痘和料理屋一樣，太大就會破」。我希望本店能夠永續經營下去。「傳承」則是接班的意思。在能力可及的範圍內我會盡力培養有實力的年輕一輩來延續這項事業。最後是「累積」。只有累積經驗才能延續歷史。我希望自己行有餘力能把經驗傳授給年輕人，讓本店的歷史永續傳承。「持續、傳承、累積」，是我一生的目標，今後我也會繼續努力朝目標邁進。

【摘自平成二十一年十二月五日
「京都飲食文化與京都名產芋棒」】

北村 真純 *KITAMURA MASUMI*

一九四七年生於大阪府。

一九六九年同志社大學畢業後，先短暫任職於松下電工株式會社，再進入芋棒平野家本家服務。學成後以未來接班人的身分輔佐第十三任店主三十餘年，後接任第十四任店主至今。

現在身兼京都料理組合（同業公會）副組合長。

芋棒平野家本家 *IMOBOU HIRANOYA HONKE*

創業於元祿至享保年間，擁有傲人的三百年歷史的老店。海老芋的起源是青蓮院殿下出巡九州時將唐芋帶回京都，首任店主平野權太夫開始種植而得以在京都落地生根。在努力嘗試將它與進貢宮廷的北海道產棒鱈一起入菜烹煮後，發現它們的調性非常相合，此料理也一夕成名，成爲京都名產「芋棒」（註冊商標）。據說川端康成等知名文人墨客也常常造訪本店。本店的傳統技能與口味都是靠一脈單傳傳承至今。

京都府京都市東山区祇園円山公園内八坂神社北側

電話：075-525-0026

Fax：075-531-3232

URL：http://www.imobou.com/

譯——註

第一章

1 田樂豆腐：醬烤串豆腐。田樂是指用味噌塗抹在串在竹籤上的食材去燒烤的料理方式，因此近似於踩高蹺跳舞的舞姿。

2 《東海道中膝栗毛》：十返舍一九的滑稽本。內容描述江戶神田八丁堀的住人栃面屋彌次郎兵衛和食客喜多八經由東海道在前往伊勢神宮、京都、大坂的旅途中發生的滑稽笑談。

3 氏子：義子。

4 長刀鉾町的稚兒：長刀鉾稚兒由祇園祭主神社八坂神社周邊的氏子中選出，條件爲八至十歲的男孩。

5 御旅所：暫時安置神明的場所。

6 禿：保護稚兒的武士。

7 床之間：日式建築中的壁龕，和式房間的一處凹進去的空間，掛了繪畫，並有陶瓷或插花裝飾。

8 花入：茶道中所稱的「花器」或「花瓶」。

9 注連繩：掛在門前取意吉利的稻草繩。

10 神無月：日本人稱十月爲神無月。

11 胡瓜：日文稱小黃瓜爲胡瓜。

12 有職料理：料理人只能用窄刃刀和鐵筷子，在砧板上生剖鮮魚，雙手絕對不能碰到魚身。

13 懷石料理：於寺廟中的素食，隨著時代的變遷逐漸演變爲宮廷貴族的美食，至今更是成爲日本料理中的最高境界。

14 精進料理：起源於日本平安時代，含有禪宗的精進精神。當時在佛教寺院舉行法事期間，只准進食非肉類的料理，一般僧人吃的素食較爲簡樸，貴族、武士來到寺院，烹調便會較爲多樣化。

15 北前船：運行在大阪至北海道日本海上連接東北、北陸和西日本的西部航線上的船舶。

16 南蠻漬：魚類經過油炸，與烤過的蔥、辣椒和調和過的醋汁醃漬。

第二章

1 御所主水職：管理飲水、粥、酒、冰窖等物的部門。

2 新田義貞：鎌倉幕府末期之名將，曾經輔佐後醍醐天皇，滅亡鎌倉幕府，後被足利尊氏打敗，自刎而死。

3 晴之所：日本站在民俗學與文化人類學的觀點中，將時間分爲「晴れ（ハレ）」，指的是祭典、年間活動等「非日常」事宜；「褻（ケ）」則是指一般日常生活事宜。

4 錦繪：彩色印刷的木版畫。

5 平安京：位於現在的京都市中心地區，東西四・五公里、南北五・二公里的長方形的首都。

6 《源氏物語》〈興奮愉悅者〉：林文月譯本。

第三章

1 公家：指日本爲天皇與朝廷工作的貴族、官員的泛稱。

2 黃金週：四月底至五初的多個節日組成的連續假期。

3 HbA1c值：指「醣化血色素」，是人體血液中的紅血球含有血色素，當血液中的葡萄醣進入紅血球，和血紅素結合後，就形成醣化血色素。

第四章

1 置屋：藝妓的住宿處。

2 都舞：都をどり，四月開演的芸舞妓京舞蹈公演。

3 鴨川舞：鴨川をどり，每年五月一日至二十四日在先斗町開演的芸舞妓京舞舞蹈公演。

4 京舞：京おどり，每年四月初旬至下旬在宮川町開演的芸舞妓京舞舞蹈公演。

5 祇園舞：祇園をどり，每年十一月一日至十日在祇園會館開演的芸舞妓京舞舞蹈公演。

6 北野舞：北野をどり，每年三月二十五日至四月七日在上七軒開演的芸舞妓京舞舞蹈公演。

7 花代：在聲色場所花費的費用。

8 半だらり：華麗的，半長腰帶的和服形式。

9 店借：提供出租器具或專業人員服務的場所。

第五章

1 三三九度：新娘手持紅色淺酒杯先喝一小口後，再換新郎喝，新娘再喝下最後一口，這種儀式就是「三三九度」交杯酒，新人交互連喝三杯，象徵這段姻緣乃合天、地、人之好，九度交杯，有著白頭偕老、長長久久的意思。

2 公家味噌：傳承已久的京都味，幾百年前開始受到宮中朝臣的喜愛。

3 多謝款待：日文爲「ご馳走さま」。

4 珍惜享用：日文爲「いただきます」。

第六章

1 棗：茶葉罐。

2 御本木：mikimoto是日本知名度最高的國際珠寶商。

第七章

1 五觀之偈：即僧侶於進食前所應作之五種觀想。

第八章

1 丸太：原木料。磨丸太：刨皮原木。

2 桂女：居住於山城國葛野郡桂的女性，據說過去負責巫女、行商、藝妓、助產士、文藝者的工作。

3 數寄屋：茶室。

4 床柱：壁龕的柱子。

5 四疊半台目：是指四疊半點茶時所坐的「榻榻米」，排一排所構成的茶席。

6 手前座：亦稱爲「點前座」，是茶主爲了點茶所坐的位置。

7 小間：四疊半以下的狹窄茶室。

第九章

1《萬葉集》：西元七世紀後期至八世紀後期編纂，爲日本現在最古老的和歌集。

2 京野菜：係指明治維新以前即在京都府內栽種的京都傳統蔬菜。

3 料理組合：意指料理同業公會。

4 雁擬：用豆腐混和蔬菜做成的日式豆腐餅。

5 箱壽司：箱壽司據傳爲壽司的起點，製作方法繁複，使用二吋六分見方的木盒，先將醋飯放入後再放上配料，放置配料時特別講究配料的大小和放置的位置，最後再加蓋壓緊即成。食用前再分切成塊。

6 押壽司：押壽司是用長型木箱製作壽司，先將配料鋪在箱內最底層後再放上醋飯後蓋上蓋子壓緊，再分切成塊食用。

7 早壽司：用竹葉包起來的鯖魚醋飯壽司，看起來有點像鯖魚飯糰。

第十章

1 手描友禪：以手繪的方式著畫上色，畫面較靈活，最爲耗時也最昂貴。

2 胡粉：蛤粉，最白的顏料。

3 能面：能劇（日本獨有的古典歌舞劇）中使用的面具。

4 紅殼格子：京都古建築形式之一，在木製的櫺格門塗上紅殼製成的染料而成。

5 本朱：由天然材質製成的朱紅色。

6 柏林藍：紺青的日本名。

第十一章

1 晦日蕎麥：傳統在農曆正月食用年越蕎麥，十二月三十一日食用晦日蕎麥。

2 低GI食品：係指食用碳水化合物之後，血糖值上升速度較和緩的食品。

3 討入之日：赤穗忠臣紀念日。

4 粟麩：在未炸過的麵筋中混入小米後蒸製而成的食品。

第十二章

1 肩折：兒童用和服的特殊裝飾，原本的用意是將過大的和服在肩部稍微折起並以縫線固定，以縮短袖長。

2 帶枕：用來撐起和服腰帶太鼓結形狀的小道具。

3 帶留：固定和服腰帶的編繩。

4 BiraBira簪：係指較為華麗誇張的垂墜式髮簪。

5 清元：一種以樂器伴奏吟唱故事的聲樂。

6 常盤津：一種三味線音樂。

第十三章

1 協同組合：類似台灣同業公會的組織。

2 日野菜：一種原產於滋賀県蒲生郡日野町鎌掛地區的傳統蕪菁。

3 いぶりがっこ：Iburigakko是一種煙燻漬物，Iburi是指煙燻，Gakko則是秋田方言，就是漬物的意思。

4 鮒壽司：醃漬鯽魚和米飯一起發酵而成的壽司。

第十四章

1 本陣：意即軍隊本營。

2 訪問着：和服種類之一，是至他人府上拜訪時最適合穿著的和服。

3 丸帶：最豪華又沉重的腰帶，目前只用於新娘和服。長四公尺左右、寬七十公分左右，是一條寬版織帶對折而成，所以正反兩面都有圖案。

4 袋帶：長四公尺十七公分以上，寬三十一公分，用於正式禮服盛裝打扮時。封口處呈口袋狀。

5 袋名古屋帶：長四公尺六十公分，寬三十公分，截取袋帶和名古屋帶的優點，多用於府綢和服或小紋和服。

6 名古屋帶：長四公尺六十二公分以上，寬三十四公分，纏腰部分會先對折縫好，只能用來打太鼓結。

7 角帶：男用和服腰帶。

8 六通：整條腰帶除了纏腰部分，約六成以上都有圖樣。

9 市松花紋：不同顏色相間的方格花紋。

10 正倉院：最早是奈良東大寺的倉庫，建於奈良時代（約西元八世紀），收藏許多與佛教有關及遣唐使帶回的藝術珍品。目前屬宮內廳管轄。一九九七年正倉的建築物被指定爲國寶，隔年並列入「古都奈良的文化財」之一登錄成爲世界遺產。

11 蛇形撚：細條金箔片纏繞在芯線表面時，箔片與箔片間有適當空隙，看得到芯線。

12 飄帶撚：細條金箔片鬆散地纏繞在芯線表面，撚度較低，芯線大部分裸露。

13 一掛：金絲單位，無統一基準，約爲長 1000m 重 26g 至 32g。

第十五章

1 數寄屋建築：日本建築樣式之一。融入數寄屋（茶室）風格的住宅樣式，強調簡約、不過分裝飾。

2 南蠻：指東南亞或殖民國家葡萄牙、西班牙。

3 金平糖：又名花糖、星星糖，是一種外形像星星的小小糖果粒。

4 長崎蛋糕：起源自荷蘭古國 CASTELLA 的貴族甜點，後經葡萄牙人傳入日本長崎，由於口味甚佳廣受好評，長崎人因而模仿製作，並逐漸成爲長崎的特色土產。

5 蛋酥：由葡萄牙傳入日本的甜點，Bolo 在葡萄牙文中意指蛋糕。台灣的旺仔小饅頭也是一種蛋酥。

6 金鈍：又稱爲茶巾絞，以栗子和砂糖爲主原料的和菓子。

7 練羊羹：最常見的羊羹，指的是水分用量較少、固形物較多，在常溫下即可凝固成形的羊羹。

8 有職故實：又稱有識故實，係指以古代先例爲依據的朝廷或公卿朝臣、武將的行事或法令、制度、風俗、習慣、官職、儀式、裝束等，或對上述內容進行考證的學問。有職（有識）指的是和過去先例相關的知識，故實則是指足以判斷公私行動是非之有信服力的根據、規範。

9 上新粉：類似台灣的在來米粉。

10 日式紅豆沙餡：台灣的紅豆沙內含大量的油，日式紅豆沙則單純是將紅豆煮軟後去皮搗成泥。

11 鹽竈：一種由糯米製成的押菓子。

12 四疊半：禮盒內分格盛放商品的配置，看起來有如一間四個半塌塌米大的和室縮小版而得名。

13 求肥、松露、落雁：皆爲和菓子的名稱。

14 茶釜：茶道中用來燒水的鍋。

第十六章

1 千刀寸：海鰻去除大骨、魚腹的刺之後，再以刀在魚身上切出密密的刀痕，但不能切斷魚皮，以將小刺切細方便食用。

2 面取菜刀：專門用來削皮、在蔬菜上刻花的小型菜刀，類似水果刀。

3 一番高湯：日式料理中最常使用的高湯，特色是不經長時間熬煮。由冷水開始煮昆布，快沸騰前取出昆布，待沸騰後加入柴魚滾一次即熄火。

生活文化 35
京都百年老舖

編著——西岡正子
譯者——王俞惠、林貞慧
主編——林芳如
編輯——謝翠鈺
企劃——廖婉婷
封面設計——徐睿紳
版式設計——陳郁汝
內頁排版——李宜芝
董事長——趙政岷
總經理
出版者——時報文化出版企業股份有限公司
10803台北市和平西路三段二四〇號七樓
發行專線——（〇二）二三〇六六八四二
讀者服務專線——〇八〇〇二三一七〇五
（〇二）二三〇四七一〇三
讀者服務傳真——（〇二）二三〇四六八五八
郵撥——一九三四四七二四時報文化出版公司
信箱——台北郵政七九～九九信箱
時報悅讀網——http://www.readingtimes.com.tw
法律顧問——理律法律事務所　陳長文律師、李念祖律師
印刷——華展印刷有限公司
初版一刷——二〇一六年三月四日
定價——新台幣三五〇元
⊙行政院新聞局局版北市業字第八〇號

國家圖書館出版品預行編目（CIP）資料

京都百年老舖 / 西岡正子作 ; 王俞惠 , 林貞慧譯 . -- 初版 . -- 臺北市 : 時報文化 , 2016.03
面 ;　公分 . -- (生活文化 ; 35)
譯自 : 老舗に学ぶ 京の衣食住
ISBN 978-957-13-6553-4(平裝)

1. 旅遊　2. 商店　3. 日本京都市

731.75219　　105001457

SHINISE NI MANABU KYO NO ISYOKUJU
Edited by Shoko Nishioka

ISBN 978-957-13-6553-4
Printed in Taiwan